保險叢書
INSURANCE SERIES

保險概論

策劃　香港保險業聯會

作者　林喜兒

1

目錄

CHAPTER

1

保險的
歷史

如果沒有保險，世界會變成怎樣？

日月星辰繼續照耀大地。
春去依舊秋來，地球總會自轉。
雖然，大自然沒丁點兒改變，但你也聽過「天有不測風雲，人
有旦夕禍福」。
面對天災，我們無力抵抗；遇上人禍，我們不懂招架。
或者你沒法想像，生活因此而徹底改變。

某一天在上班途中，忽然天降花盆，花盆的主人面臨被檢控，
被擊倒的你受傷入院⋯⋯
歡天喜地在旅途上，遇上交通意外，人在外地彷徨無助⋯⋯
颱風襲港，公共交通停駛、商業活動終止，觸發連鎖反應，
航空公司倒閉，興建中的道路沒法建成，政府背負無法負擔
的責任⋯⋯

很誇張嗎？

當世界變得越來越複雜，地球越來越危險，保險不是靈丹妙
藥，卻是分擔風險的安全網。保險行業歷史悠久，同時也與時
並進，且看古人的智慧如何將保險發展成與社會發展不可分割
的重要行業。

最早的保單

意大利熱那亞國立圖書館保存了史上發現最古老的一張保

單──由意大利熱那亞「聖‧克勒拉號」商船主人與商人喬治勒克維倫（George Lecavellum）在 1347 年 10 月 23 日簽訂的一張合約，承擔商船從熱那亞至馬喬卡航程的風險。[1]

14 世紀末是歐洲文藝復興運動熾熱的時代，在文化藝術大放異彩之時，繁華的商業活動亦在意大利以至歐洲一帶展開，而保險也慢慢地在 15 世紀以後，隨著國際貿易發展，由意大利經西班牙逐漸傳入荷蘭、英國、德國，並擴展至全世界。

古文明的智慧

歷史是這樣記載，可是究竟是誰人發明了保險這門生意，恐怕暫時沒法給你一個肯定的答案。歷史告訴我們，保險是隨著社會演變慢慢發展成今天的面貌。600 多年前的 14 世紀是史實，而另外兩個發生在公元前的故事，或許能讓人多明白一點保險的概念是怎樣形成。在《世界保險史話》中，收錄了這兩個故事：

一天正午，一隊商隊正在橫越埃及沙漠，商隊由 30 隻載滿貨

物的駱駝組成，途中遇上沙暴，商人立即逃跑，遺留在沙漠上的駱駝和貨品全被沙丘掩蓋，只剩 8 隻跑得快的駱駝和貨物得以保存。由於商人在出發前約定，如果運輸途中駱駝及貨物損失，沒有損失的商人將所獲得利潤的一部分分攤給受損失的商人；假若沒有人有損失，則每個商人把小部分利潤留存，作為下次補償損失的資金，共同承擔風險。這是發生在 5 千年前的故事，據說這種互惠互利的精神和做法，經進一步完善後，成為後來巴比倫王國的《漢摩拉比法典》，迄今世上保存最完整及最早的法典。2

這邊廂，在 3 千年前的中國，不少商人在揚子江上運輸貨物。由於當時造船技術簡陋，揚子江風急浪高，意外頻生。一天，有個叫劉牧的年輕商人提出了一個想法。運輸貨物時，慣常的做法是把一個商人的貨物集中裝運在一條船上，他卻建議商人與商人之間的貨物交叉裝船，當時的商人不明所以，不過也按他的方法去做。結果貨船啟航後，其中一艘商船沉沒，其餘安全抵達，這時大家才明白分散貨物、交叉裝船的道理，其實就是分擔風險。3

雖然這兩個故事的真確性無從稽考，卻也可以作為一個參考，保險的概念誕生於公元前的古文明社會絕不為奇。《世界保險史話》亦提到早在巴比倫和腓尼基時期，船東出海時，會把船舶和貨物向海險商作抵押，換取與貨物相等的資金，並規定在到達目的地時歸還。如果途中遇到不幸，船東可按損失程度向海險商提出免於歸還全部或部分抵押資金。相反，假若平安到步，船東除了歸還抵押的資金，還需要付利息，利息這部分便

具有現代保險費的意義。[4]

第一張保單

如果公元前的故事太遙遠太不真實，那就先回到 14 世紀。另一關於早期保險的記載是 1350 年 3 月 13 日，保險商人 Leonardo Cattaneo 承保了一艘由西西里（Sicily）到突尼斯（Tunis），載滿小麥的商船。[5] 到了 1384 年，在意大利比薩（Pisa）誕生了第一張具現代意義的保險契約。這張保單是承保從法國南部亞爾勒（Arles）運送到意大利比薩的一批貨物，當中列明「海難事故」包括船舶破損、擱淺、火災或沉沒所造成的損失，更列明了「海盜、拋棄、捕捉、突襲」等所帶來的損失。[6] 或許這些條款還是非常簡單，但今天看來仍非常合用，意外這回事的確沒有時代之分。

從意大利開始到歐洲城巿，其中一個重要發展便是在英國。根據英國在 1483 年的一條國會議案中提到，「來自意大利的一班陌生商人，包括威尼斯人、佛羅倫斯人、西西里人等聚居在倫敦及其他城市，他們把許多從國外運送來的貨品屯積在倉庫裡，等待物價上升。」[7] 隨著商人和貨物而來的還有保險這門生意。雖然很難確定英國本土的保險業在何年何月正式開始，不過大概在 1500 年，已經有英國承保商的存在。[8] 在 16 世紀時，意大利商人聚居在倫敦的倫巴德街（Lombard Street），令這裡成為了海上保險活動中心。[9]

咖啡與保險

意大利人把保險傳入英國之前，首先傳入的卻是咖啡館文
化，倫巴德街成為保險中心，也是多得咖啡館的出現。1652
年，來自意大利的 Pasqua Rosee 在倫敦開設了第一家咖啡
店，自此咖啡館在倫敦開枝散葉。1688 年，愛德華・勞埃德
（Edward Lloyd）在倫敦塔街（Tower Street）附近開設了以
自己名字命名的咖啡館（Edward Lloyd's Coffee House）。塔
街正好位於泰晤士河附近，那裡每天聚集了很多海運和貿易商
人，等候船隻歸來，打聽航海消息。由於當時通訊不發達，愛

德華想到將咖啡館設計成發布航海資訊的中心吸引顧客。除了設計以海運為主題外,更增設大壁報版,報道航運最新消息,因而吸引大批貨主船主光顧。1692 年,他把咖啡館搬到倫巴德街。[10] 自此,愛德華・勞埃德咖啡館成為船運的交流信息場所,保險經紀人亦以此名號作經營地址。[11]

勞埃德在 1713 年逝世,咖啡館換上新東主繼續經營。1734年,一份專門報道航運消息的刊物,勞埃德消息報(Lloyd's List)出版,這時的愛德華・勞埃德咖啡館已經成為私人海上保險中心。後來由商人、經紀、承保商開設新的大樓,成為有

組織的機構，在 1774 年正式營業，慢慢發展成今天的勞合社（Lloyd's）。[12]

其實在愛德華·勞埃德咖啡館出現的同時，英國皇家交易保險公司（The Royal Exchange Assurance Corporation）和倫敦保險公司（London Assurance Corporation）在 1720 年獲得了海上保險的英國皇家特許證書，壟斷了英國海上保險市場。不過由於其特許證書只限公司或團體，而勞埃德咖啡館的承保人是個體保險商，使咖啡館的保險商能繼續經營。直至 1824 年，英國議會才撤銷了兩家公司長達 100 年的壟斷經營。

首支消防隊

當海上保險在 17 世紀的英國迅速發展之際，火災保險也因為一次意外而發展起來。1666 年 9 月 2 日，位於倫敦大橋附近的一家麵包店失火，後來蔓延至整個城市，燒掉無數房屋、建築物，只剩下五分之一個倫敦沒被波及，無數人無家可歸。大火足足燒了 5 天，就是著名的倫敦大火。300 多年前的倫敦是甚麼模樣？想想狄更斯的《苦海孤雛》創作於 19 世紀的 30 年代，那個時代的倫敦也夠悲慘，很難想像兩個世紀前的倫敦會是甚麼景況。但有一點可以肯定的是，當時的倫敦沒有消防隊，所以大火之後，「消防隊」成立了，不過卻不是政府的急救行動，而是商人看準了商機。

1680 年，Nicholas Barbon 找了 3 個人集資 4 萬英鎊，在皇家交易所辦公室後面成立了英國第一家經營火災的保險公司，

該公司的名字就叫 Fire Office。[13] 當時的保費是根據房屋租金計算，並規定木結構的房屋較磚泥牆結構的房屋保費應增加一倍，一部分客人正是 1666 年倫敦大火後重建家園的房東。[14]

以 Fire Office 為名的保險公司除了專門經營火災保險業務，其實更是消防局。Nicholas Barbon 創辦了倫敦有史以來由保險公司成立的第一支消防隊，只要投保了他公司的客戶，便會得到一個由金屬片製成的火險標誌，把標誌釘在房屋外，一旦發生火警，消防隊到現場便可立即識別哪些是他們保險公司的客戶。Nicholas Barbon 確實是個聰明的商人，這個做法當然是為了減低保險公司賠款的風險，某程度上也因此而減低了火災發生的機會。Nicholas Barbon 的成功引來後來者眾，紛紛成立火災保險公司。由於當時的保險公司規模小，每張保單的保額不高，有些富裕人家投保多家公司後，在門牌外掛上 7、8 個標記炫耀，以此為榮。[15] 到了 1833 年，各保險公司所屬的消防隊合併為消防總隊。1886 年，消防總隊歸倫敦政府管轄，就是倫敦消防隊的前身。

最早的人壽保險

海上的驚濤駭浪，地上的無情烈火，大概就是數百年前人們在商業和個人生活中遇到的最大威脅，促成了海上保險與火災保險的出現。而伴隨這些最早出現的保險，還有人壽保險。現時發現最早的一張人壽保險單，是 1399 年，巴塞隆拿一家名為 Datini Company 發出的，承保 Filipozo Soldani 從巴塞隆

拿到意大利的行程。[16] 當時人壽保險的對象，大都是航運相關的商人。至於英國最早的一張人壽保險單，則是在 1583 年 6 月 18 日，由倫敦皇家交易所 16 個屬於保險行會的商人承保的 William Gibbons 之保單，保險金額為 382.23 英鎊，合約期 12 個月。結果，他真的在一年後逝世，那是 1584 年 5 月 8 日。可是那 16 名商人卻拒絕賠款，原因是他們以 28 日作為一個月計算，所以保單已過了一年的保障期。事件鬧上法庭，法官判決承保商必須賠款，因為根據皇家交易所和倫巴德街沿用的習慣，一直是根據月份計算而不是以每月 28 日來計算。[17] 另外根據《世界保險史話》記載，當時的人壽保險，通常要求投保人要有強壯的體魄，並且在保險期間外出範圍不能超越英國本土。到了 18 世紀初，英國兩家特許經營公司，在 1721 年也開始經營人壽保險業務，為海險和火險的副產品，但拒絕為病人、老人和天花病人承保。[18]

沙漠中的駱駝、咖啡館中的商人、消防隊的誕生……今天我們手上拿著無比詳盡細緻的保單，原來是經過數百年的演變而來。回看歷史中的保險自然是簡單得多，但不難看到保險的理念與精神，由始至終，原來沒有改變。

CHAPTER 2

世界及
香港大事

從大海到火災現場，從貨物到個人，從古代文明走到現代社會，保險已經變成無處不在。可是在日常生活，我們卻是視而不見。直至，某些事件發生，我們才看到保險的作用。

你還記得這些世界大事嗎？

九一一事件──難於承擔的恐怖襲擊

天災沒有辦法估計，人禍也是逃避不了。

2001 年 9 月 11 日，兩架被恐怖分子劫持的客機撞向紐約世貿中心，兩座大樓倒塌，造成 2 千多人死亡或失蹤。九一一事件不只對美國，對全球也有深遠的影響。事件導致全球保險業損失達 500 億至 700 億美元，當中部分由再保險公司承擔。除了巨額的賠償外，對保險業還造成更長遠影響，當時很多保險公司不再提供恐怖活動造成的損失保險，或者是提高因政治風險引起的保費。另外，事件對旅遊和航空業亦造成極大衝擊，保險公司對航空公司的承保，當時除了增加保費，更取消戰爭及恐襲風險承保。後來美國政府通過撥 180 億美元援助多家航空公司，才令他們免陷入破產危機。

超級颶風卡特里娜──天災的巨額賠償

全球暖化是這個世紀人類面對的最大問題，而保險業更是率先感受到全球暖化帶來的經濟衝擊。《不願面對的真相》一書指出，「過去 30 年，保險公司對於因極端氣候變化而受害的保

戶所提供的理賠金額增長了 15 倍。」[19] 颱風、水災、旱災、龍捲風等天然災害為我們帶來的破壞是無法估計的。還記得 2005 年 8 月吹襲美國的超級颱風卡特里娜嗎？首先從新墨西哥灣登陸，吹襲五個州份，包括路易斯安娜州、密西西比州、阿拉巴馬州、肯塔基州及喬治亞州，其中受災最嚴重的新奧爾良市，超過三分之二的家園被摧毀，全體居民撤離。卡特里娜肆虐，破壞農田，令多個地區停水停電、交通運輸癱瘓，財物損失慘重，更導致 1,800 多人死亡、800 億美元災害損失，令保險業損失了 600 億美元，創下颱風保險賠償新高。

在《不願面對的真相》一書中提到，這次嚴重天災引起的連漪效應極有可能遠遠高於保險總帳。不少從事風險管理的公司已成立專案小組，分析氣候變化帶來的影響，除了保險業的未來財務危機，還包括大多數美國人是否仍可以負擔得起因此而提高的基本保費。極端天氣帶來新挑戰，保險公司必須重新評估各種風險。

保險業經歷不同時代，面對不同衝擊，也會配合時代，不斷改進。雖然人類沒辦法預計天災，但我們能做好各樣防禦措施。當保險業察覺到我們面對的天災越來越多，所造成的破壞越來越大，也會促進各項風險管理措施，例如利用科技、環保策略，務求將天災造成的損失降至最低。

不能忘記的香港大事

添喜大廈簷篷事件——不能忽視的第三者責任保險

1994 年 8 月 1 日，工人拆卸香港仔添喜大廈的新好酒樓簷篷上的魚缸時，魚缸連石屎簷篷塌下，造成一死七傷。高等法院最後裁定大廈管理公司、酒樓、業主立案法團、大業主公司需賠償逾 3 千萬港元，期間多個被告破產或清盤。2004 年，該大廈法團無法在合理期間籌得賠償金及訴訟費，亦被下令清盤，各小業主須攤分巨額賠償，平均每戶須支付逾 10 萬港元。

這次意外讓公眾意識到第三者責任保險的作用和重要性，此後政府亦立例規定所有業主立案法團須就建築物的公用部分及其財產購買第三者風險保險，而每份保單的單一事故所引起的有人死亡或身體受傷 / 既有人死亡亦有人身體受傷，而招致任何訂明法律責任的承保額不得少於 1 千萬港元。

八仙嶺大火——風險管理的重要

1996 年 2 月 10 日，香港中國婦女會馮堯敬紀念中學的 5 名老師及 49 名學生在八仙嶺行山期間遇上火警，火勢迅速蔓延。這場三級山火持續燃燒 40 小時後，於翌日上午 11 時被全部撲滅，事件最終造成 2 名教師及 3 名學生喪生、13 人受傷，成為香港史上傷亡最嚴重的山火。2006 年，其中 3 名在事件中受傷的學生，分別入稟高等法院及區域法院控告學校及教育統籌局（即今教育局）疏忽，要求作出賠償。

世界：911事件

經過這次慘劇，學校不論活動在校外還是校內，均嚴格遵守有關課外活動師生比例的規定；亦購買保險作為賠償及法律支援，風險管理意識大為提高。

沙士——不可缺少的醫療保險

2003 年，香港爆發非典型流行性感冒疫症（簡稱 SARS，沙士或非典），有超過 1,750 人受感染，當中近 300 人死亡。截至 2003 年 5 月底，保險界共支付 492 宗與沙士有關的賠償，涉及金額為 1,049 億港元。事件更令部分保險公司拒絕承保醫護

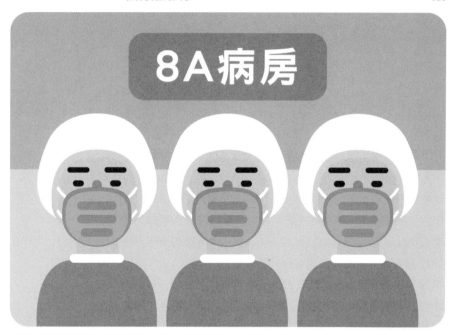

界的僱員補償風險。後來政府介入，與保險界與醫護界達成協議，10多家保險公司願意向私營醫護機構提供包括沙士等傳染病在內的勞工保險，但保費則需增加4至6倍不等。不過，事件亦提高了市民購買醫療保險的意欲。

泰國「紅衫軍」及菲律賓人質事件——外遊警示的作用

2008年，泰國局勢動蕩，「黃衫軍」與「紅衫軍」衝突不斷，反政府示威人群衝擊曼谷國際機場，佔領離境大堂，導致機場關閉，所有離境航班取消。當時有近500名香港旅客滯留曼

谷機場，內地、澳門政府相繼派專機到泰國，接載民眾離境，唯獨香港政府沒有行動，被批評反應遲緩。事件令香港政府在與旅遊業界商討後，於 2009 年設立「外遊警示制度」，以黃色、紅色及黑色 3 個級別，協助市民清楚掌握前赴外地時可能面對的人身安全風險。

2010 年 8 月 23 日，香港一個旅行團在菲律賓馬尼拉觀光期間，突然被當地一名前高級督察登上旅遊巴士，持槍挾持車上人質，要求菲律賓政府恢復他的職務，經過逾 10 小時談判不果，車上 8 名香港旅客遭槍殺死亡，7 人受傷，是香港旅遊歷史上最嚴重的慘案之一，本港的電視台更直播事件，香港亦隨即向菲律賓發出黑色外遊警示。

這兩宗事件令香港人更明白旅遊保險的重要，而外遊警示的制度亦廣泛應用於保險。不同的旅遊保險產品，都對外遊警示制度有相應的保障。

台灣八仙樂園爆炸事件———24 小時緊急支援

2015 年 6 月 27 日晚，台灣新北市八仙樂園舉辦活動期間，疑因粉塵燃燒引致爆炸，造成 15 人死，484 人受傷，當中包括香港旅客。意外發生後，購買了旅遊保險的旅客家屬隨即向保險公司尋求協助，保險公司亦迅速提供合適的支援，包括安排醫療專機將傷者送抵香港接受治療。事件反映購買旅遊保險的作用，不只是賠償方面，還有 24 小時緊急支援服務。人地生疏，在海外遇上意外往往徬徨無助，旅遊保險的支援作用實在

不容忽視。

超級颱風屢次襲港──紓緩經濟壓力

全球氣候轉變，香港也不能倖免。近年超級颱風屢次吹襲本港，2017 年 6 至 10 月，短短四個月便有五個颱風，天鴿、苗柏、洛克、帕卡及卡努登陸，2018 年的山竹威力更大，對香港造成嚴重破壞，數以萬計投保人就財物損壞、業務中斷、無法出遊、汽車損毀，以至船運、勞工等方面的損失提出保險索償。

根據香港保險業聯會資料顯示，2017 年保險公司就因颱風吹襲而導致的財物損壞及業務中斷，合共賠償 9.35 億港元；2018 年單單由颱風山竹引發的各種保險賠償更超過 28 億港元，數字反映保險業發揮了重要的社會保障功能，減輕投保人因天災蒙受的經濟損失，以及維持社會經濟的穩健發展。此外，風災過後，市民的保險意識日漸提高，投保家居及財產保險產品亦日益增加。

經歷這些天災人禍，市民對保險有更深的認識，漸漸明白到保險的作用。保險公司面對這些挑戰，也會與時並進，不斷改善保險產品，務求讓大眾得到更多更廣泛的保障。

CHAPTER

3

保險的
原理

保險是甚麼？

因病入院治療可獲得全數手術費及住院費用賠償？

旅行途中遺失財物回港後可索償所有損失金額？

汽車被偷竊後可獲賠償新車？

假若以上答案全部是「否」，會否因此而認為保險都是騙人的？看到不同保險公司的宣傳廣告，經常提及「保障」、「安心」、「計劃未來」這些字眼；保險中介向你推銷時往往告訴你計劃的好處，但為甚麼當以上提到的意外出現時，卻可能得不到全數賠償？

當然以上舉出的例子都是極為簡單化，首先假設了當事人購買了相關的保險，即是醫療、旅遊和汽車保險。然而這三種保險也有不同的產品選擇，在甚麼情況下獲得賠償，賠償金額上限、索償所需文件等等，視乎你購買的保險產品內容而定。有說魔鬼在細節中，其實答案也在細節中。就以上例子來說，我們必須明白是甚麼情況導致要入院治療？是意外還是潛伏已久的疾病？旅途上是疏忽遺失還是被盜賊偷掉財物？汽車是停泊在停車場時被盜還是借給朋友時不見了？如果情況都是在所購買的保險中所包括的保障項目，便可向保險公司提出索償。不過，索償金額未必一定是你損失的全數，還是要根據你所購買的保單條款而作出賠償。

因此，我們首先要明白，保險不是萬能，也不是免費午餐，保險公司也不是慈善機構。為甚麼只需繳交百多元的旅遊保險費用，遇上意外所獲得的賠償會是高於此數的金額？為甚麼每年也要繳交醫療保險費用，卻好像沒有一點回報？究竟錢從哪裡來？保險的意義又是甚麼？

當我們購買一個手袋，我們會知道是甚麼品牌、用甚麼質料、設計尺碼怎樣；買車時也會清楚汽車的設計、性能特質；更不用說買一層樓你會注意的事項。購買保險其實也是一樣，只是保險是看不見的產品，付款後沒有實質的東西讓你拿走，就只有一份寫滿條款的保單合約。其實這份合約也等同手袋的設計和汽車的性能，作為消費者，你是否知道自己買了甚麼？

保險，所謂何事。

作為現代經濟中最古老的行業之一，保險經歷多個世紀的演變，今天的保險發展成熟及多元化，早已換上千變萬化的外衣，務求吸引消費者的注視。然而萬變不離其宗，核心理念還是一樣。一個能夠跨越時代，更成為現代社會經濟不可或缺的重要行業，自有其獨有價值。今天我們面對五花八門的保險產品、鉅細無遺的保單條款，有時不免陷入迷失的狀態，認為保險就是如此複雜，讓人摸不著頭腦，因而作出錯誤選擇。

不如從基本開始。

只要明白核心理念，理解其原則，才懂得回答，保險是甚麼。

集腋成裘的道理

保險，其實是眾人之事。聽過集腋成裘的典故嗎？

戰國學者墨子提倡兼愛尚賢，認為治國之道關乎選賢任能，他提到：「江河之水，非一源之水也；千鎰之裘，非一狐之白也。」意思是江河裡的水不是從一個源頭流下來，價值千金的白色狐裘，也不是單靠一隻狐狸腋下的白毛便可做成。不同源頭流下的水匯聚成河，一隻又一隻狐狸的純白毛皮才可做成珍貴的白狐裘。墨子用此比喻說明國家應該廣邀賢能之士治國，才能令國家興盛。慢慢地「集腋成裘」這句成語演變成積少成多，滴水成河，聚沙成塔的意思。

保險，也利用了集腋成裘的道理。簡單來說，就是聚集一大群的資金，有需要時從這筆資金裡提取所需。保險的機制就是保險公司把投保人的保費收集起來，組成基金。當投保人因為意外而出現損失時，便可從這個基金中獲得補償，所以越多人參與便越具經濟效益。小部分人的損失可使用集體資金，其實就是一起分擔風險，投保人透過繳交保費把風險轉移給保險公司。當然，我們在投保時不會知道是否會有意外發生，保險是未雨綢繆的措施，面對不能預期的事，面對沒法預計的風險，我們用此方法去處理，所以保險就是風險管理的其中一環。

「保險屬於風險管理內的風險轉移。投保人通過支付保費，把個人的潛在財務損失轉移給保險公司。保險公司收集投保人的保費後成立保險池，當有意外發生時，保險公司可以為投保人

提供金錢上的補償。」

保險原則

(一)「最高誠信」原則

集腋成裘本身就是美事，不只是一點一滴的積聚，更帶有良好
意願。所謂眾志成城，每人都貢獻一點，去保障不幸的人，是

利己也利他的行為。在這個原理衍生的原則，首要條件是誠實
和信任。保險合約建基於信任，保險公司相信保單持有人會對
投保事項提供準確和真實的資料，這就是「最高誠信」原則。

每個人都應該清楚自己的處境和狀況，例如身體毛病、財政狀
況、曾經遇上甚麼意外等。這些資訊直接影響保險公司評估受
保人的保單，以用作判斷是否有高風險的特徵，從而決定應否
承保有關風險、釐定保費水平和保單條款。投保時要留意是否
有交代所有事實。因除非投保人主動相告，保險公司不會知道
有關事實。如果投保人在投保時沒有披露已知或應該知道的重

要事實，會被指作為沒有披露事實，甚至可能影響日後索償。

「最高誠信披露的原則是保險公司假設投保人遞交的資料是正確無誤，從而根據資料準備保單合約，詳細羅列各項條款，投保人必須確保自己清楚明白保單中的各項內容，特別是保單條文中包括及不包括的風險項目。」

案例說明：怎樣才算是沒有披露事實？

案例一

受保人於投保後 9 個月證實患上結腸癌，故索取危疾保險及豁免保費的賠償，但是被保險公司拒絕，理由是受保人在投保時沒有申報患有梗阻性睡眠窒息症的病歷紀錄。

醫療報告顯示，受保人早於投保前 12 年因為嚴重打鼾求診，經過睡眠檢查，首次被診斷患上梗阻性睡眠窒息症，翌年更先後 5 次接受跟進治療。醫生建議受保人進行連續性正壓呼吸器治療，但遭受保人拒絕，此後他再沒有接受任何跟進治療。受保人於投保前一年再次被轉介接受睡眠檢查，結果顯示他仍有打鼾和日間非常昏昏欲睡的症狀，故醫生安排他接受進一步睡眠檢查，但受保人卻沒有覆診。

受保人承認患上梗阻性睡眠窒息症已有一段長時間，但是這症狀與他所患的結腸癌完全無關，他並強調自己任職巴士司機 20 年，這病症沒有影響他的工作，他更通過巴士公司每年例行的身體檢查。

拒絕賠償原因

從保險公司的核保手冊中得悉，受保人患有梗阻性睡眠窒息症
的嚴重程度，以及有否同時患有其他相關病症，均會影響保險
公司對危疾保障和豁免保費保障的核保決定。由於受保人沒有
接受詳細睡眠檢查，以評定所患梗阻性睡眠窒息症的嚴重性，
令保險公司無從評估風險。如果保險公司在受保人投保時得悉
有關情況，定會要求取得更多相關資料，或者於承保風險之
前，安排受保人進行身體檢查。由於受保人沒有披露的病徵重
要，足以影響保險公司的核保決定，故此保險公司拒絕賠償。

案例二

受保人在購買保險時申報自己的健康紀錄良好，故此保險公司
收取標準保費，接受受保人投購住院保險。15 個月後，受保
人因食道癌住院，保險公司拒絕其住院索償，理據是受保人沒
有在投保申請書上披露她是乙型肝炎帶菌者。

受保人雖然承認投保時已經知道自己是乙型肝炎帶菌者，但是
卻不滿保險公司的賠償決定，因為根本沒有醫學證據證明食道
癌與乙型肝炎有關，何況乙型肝炎帶菌者現時在香港十分普
遍。當審閱受保人的投保申請書，留意到其中一條問題清楚問
及：「閣下曾否患有乙型肝炎、接受相關治療或被證實為⋯⋯
乙型肝炎帶菌者？」受保人回答「否」。

拒絕賠償原因

雖然乙型肝炎帶菌者的病歷與食道癌的住院索償沒有直接關
係，但是受保人沒有披露的資料是重要事實，有可能改變保險

公司收取標準保費率的承保決定,故此保險公司可拒絕發放住院賠償。

案例三

一位婦人於切除左邊卵巢皮囊瘤後申請住院賠償,保險公司經調查後發現,她於購買保險前兩個月,曾經接受視網膜退化的激光治療。鑑於她未有披露有關重要事實,保險公司拒絕賠償並撤銷保單。

拒絕賠償原因

投保人在購買保險前 3 年進行第一次激光治療,其後繼續接受眼科治療。鑑於投保人患眼疾多年,保險公司以她沒有披露重要事實為拒絕賠償理由實屬恰當。

總結以上 3 個案例的要點

在審理涉及沒有披露事實的糾紛時,會考慮下列各點:

1. 沒有披露的資料是否重要事實,足以影響作風審慎的承保商決定應該接受還是拒絕承保該項風險,或者如何釐定保費和保單條款及條件;
2. 投保人是否知道有關事實;
3. 在正常情況下,預期投保人披露有關事實是否合理。

其實病歷資料對核保是否重要,應該由保險公司而非投保人決定,故緊記:於投保時向保險公司披露所有事實。

對於門外漢來説，沒有披露的事實可能與受保人的疾病毫無關係，因此或會質疑保險公司用沒有披露事實作為拒絕賠償的理據。但必須注意，如果沒有披露的資料足以影響保險公司的核保決定，即使這些資料和受保人當時所患的病症無關，保險公司也有權拒絕賠償。因為沒有披露的資料會影響保險公司在核保時作出公道和準確的承保評估，在這個大前提下，保險公司有權撤銷合約。為免引起不必要的索償糾紛，受保人在填寫投保申請書時，必須全面準確地披露所有資料，即使不敢肯定某些事實是否重要，最好還是加以披露。

(二)「可保利益」原則

投保與受保之間涉及金錢，兩者必須存有某一種關係。因此，不論購買哪一類保險，投保人都必須符合一個基本要求，就是與被保項目之間有「可保利益」。某人與某件物件之間是否存有「可保利益」，在於當有關物件一旦遺失或受損，他會否因而蒙受金錢或其他損失。

在下列個案中，保險公司認為受保人和被保汽車之間沒有「可保利益」，於是拒絕賠償；可是受保人卻指出，自己身為被保汽車的登記車主，必須對第三者傷亡負上法律責任，因此與被保汽車之間有「可保利益」。兩個個案的受保人最後都向保險索償投訴局（即今保險投訴局）投訴，那麼結果又如何呢？

案例說明：怎樣才算是「可保利益」？

案例一

受保人將汽車停泊在公眾停車場，翌日早上汽車不翼而飛。保險公司從理賠師的報告得悉，受保人並非失車的「真正車主」，該汽車主要供受保人的朋友私人使用，唯一的汽車鑰匙也是由朋友保管。用受保人的名義登記汽車，純粹因為真正車主的收入未能符合分期付款的貸款要求。為保障受保人的權益，真正車主和受保人私底下簽訂協議，答應日後負責所有與該汽車有關的法律和金錢上的責任，包括每月支付分期付款。

須賠償原因

保險公司認為，由於被保汽車遇竊不會令受保人蒙受任何金錢損失，所以視受保人與被保車輛之間沒有「可保利益」。此外，由於受保人在投保申請書上聲明自己是車主及唯一的記名司機，保險公司認為受保人沒有披露重要事實和嚴重誤導保險公司，拒絕賠償。

受保人其後向保險索償投訴局投訴，投訴委員會並不認同身為登記車主的受保人沒有「可保利益」的說法。雖然受保人和朋友私下協議，但是假如被保汽車發生意外而受保人的朋友不知所終，則受保人仍需負上個人和法律責任清還貸款，以及可能被第三者入稟法院索償，據此投訴委員會認為受保人與被保汽車之間存有「可保利益」。

由於保險公司沒有澄清假如知道車主的真正身分，承保條件會

否有異，投訴委員會只好自行比較受保人和其朋友的個人資料，特別是他們的年齡、駕駛經驗、最近 3 年是否有違反交通規例。結果發現，不管車主是受保人還是他的朋友，保險公司所需承擔的風險相若。

由於投保申請書上既沒有要求受保人披露他和朋友私下訂定的協議，也沒有要求受保人披露經常使用被保汽車的其他人士，而且合約額外附加了「未記名司機」的自負額（墊底費），所以投訴委員會並不認同受保人嚴重誤導保險公司或沒有披露重要事實，故裁定受保人得直。

案例二
受保人的汽車被竊，理賠師調查報告指受保人僅為被保汽車的登記車主，而非真正的受益車主。被保汽車其實屬於受保人的朋友，但是他於兩年前一宗車禍中導致第三者身體受傷，所以無法取得保險保障。受保人為了協助朋友買保險，於是登記成為被保車輛的登記車主。

拒絕賠償原因
保險公司認為受保人與被保車輛之間沒有「可保利益」，不但拒絕作出賠償，更撤銷自合約生效日起所有保險保障。

受保人同樣向保險索償投訴局投訴。投訴委員會認為，受保人既身為被保汽車的登記車主，與被保汽車之間有「可保利益」，但是深明假如被保汽車真正車主及使用者申請投保，幾乎一定會遭保險公司拒絕。基於受保人和真正受益車主所涉的

風險迴然有別，投訴委員會裁定受保人嚴重誤導保險公司，支持保險公司拒絕賠償的決定。

總結以上 2 個案例的要點

雖然上述兩個案例類似，但是仔細比較受保人與被保汽車的真正車主的年齡、駕駛經驗、是否曾違反交通規例後，得出的風險千差萬別，故裁決截然不同。

(三)「損失補償」原則

根據損失補償原則，保險公司賠償予保單持有人的責任只限於投保人所損失財物之市值，因此，若投保人財物之價值於損失時因某種原因而貶值，保險公司只會根據「賠償基礎」支付保單持有人財物之折舊價值。

汽車保險經常出現的糾紛乃因賠償額不足而引起，起因是投保人誤以為當投保車輛遭全損時，賠償金額會與投保額相同。大家要特別留意，特別是擬購買汽車保險之人士，按保險常規所定，在投保車輛遭全損時，保險公司的責任只限於賠償投保車輛的投保額或投保車輛在其全損時的市值，以較低者為準。

根據賠償原則，保險公司對受保人作出的賠償，最多不能高於損失項目的價值。意思就是，保險不是賺取利潤的工具，只是

賠償你的損失。賠償原則適用於所有險種，但某些險種，例如人壽保險，由於理論上人命無價，因此保險公司在承保這類保險時，便會根據投保人的條件作出評估，決定其承保範圍及投保金額是否合理。而在財物保險方面，例如家居及汽車保險，則會以「損失價值賠償原則」計算，假設投保項目在損失時已經貶值，則會按照已折舊的價值賠償。另一種是「重置價值賠償原則」，就是以投保項目損失時的重置價值作為賠償金額。

基於這樣的賠償原則，即使投保人為同一項目購買多份保險，假若需要索償時，獲得的賠款也不會超出投保項目損毀時的價值，因為保險公司會分攤賠償金額，投保人得到的賠償與購買一份保險得到的賠償金額是一樣的，並不能透過保險從中取利。不過，「分攤原則」也不是適用於所有保險產品。例如醫療保險，基於醫療費用可以非常高昂，當中的保障項目也設有賠償上限，假若個別醫療收費高於上限，投保人可利用第二份醫療保險索償差額。

案例說明：怎樣才合乎賠償原則？

案例一

投保人為他的私家車買了約值 5 萬港元的綜合汽車保險，該輛汽車在交通意外中嚴重損毀。保險公司理賠師估計該輛汽車在損毀前的市值是 3 萬港元，而修理並不合乎經濟原則。有見及此，理賠師提議保險公司以「推定全損」為基礎作出賠償。但是投保人不肯接納保險公司提出的 3 萬港元賠款，堅持保險公司需依照汽車的投保額賠償 5 萬港元。

由於保險公司建議的賠償相等於汽車損毀時的最高市值，而金額亦有理賠師的評估報告支持，所以保險公司只會賠償 3 萬港元。

案例二

一位男士為他的私家車投購汽車全險保單，投保額為 17 萬港元。他通常把私家車停泊在粉嶺住所的村屋前的公眾地方。一天早上，他前往取車，卻找不到他的私家車，於是向警方報案，並向保險公司提出汽車全險索償。

保險公司委託兩家汽車公證行評估受保汽車於意外發生前的價值，一家汽車公證行表示受保汽車的價值應介乎 11 至 12 萬港元之間，而另一家則指出受保汽車的價值約為 12 萬港元。保險公司於是向受保人建議賠償 11 萬 5 千港元（於扣除偷竊墊底費前），作為受保汽車全損的賠償。

受保人不同意保險公司的賠償建議，並提交由他自行委託的汽車公證行的評估報告，內容指受保汽車於意外發生前的價值為 16 萬 5 千港元。此外，他又提供從互聯網搜集的資料，顯示與受保汽車相同型號的車輛售價介乎 14 萬 8 千至 18 萬 8 千港元之間。保險公司其後增加賠償至 12 萬港元，惟仍不獲受保人接受。

由於保險公司和受保人委託的汽車公證行就受保汽車於意外發生前的估價有很大差距。得悉受保人於事發 8 個月前以 18 萬港元購入受保汽車，加上考慮到事發時與受保汽車同款的車輛的售價後，保險公司提高最終賠償額至 14 萬 2 千港元。由於

保險公司的最終賠償建議，已超出了不同汽車公證行為受保汽車作評估的最高和最低估價的平均值，因此有關賠償建議合理及可接受。

案例三

被保車輛因事故損毀，保險公司和受保人同意 7 萬 3 千港元的維修費，保險公司要求受保人負責 1 萬港元的自負額和 1 萬3 千港元的折舊額。受保人同意承擔自負額，但卻拒絕支付折舊費用。

涉案汽車保單的豁免條款訂明保險公司毋須賠償折舊額，由於被保汽車於 1994 年出廠，保險公司要求受保人支付改良汽車的部分費用，即新零件費的 35%，並指出將折舊率定為 35%實在非常優惠，因為車齡 8 年的車輛折舊率通常為 50%。

涉案的汽車保單屬賠償損失價值的保險合約，即投保人因發生意外招致損失而獲得賠償的金額，必須相等於令他回復到發生意外事故前一刻的財務狀況。由於新零件的壽命和性能明顯較原本已經使用多年的零件為佳，所以保險公司應該扣除折舊額或改良費用，以便反映受惠情況。此外，當考慮到被保車輛的出廠年份和行車里數後，保險公司將折舊率定為 35%實屬合理。

總結以上 3 個案例的要點

大部分汽車保險合約都是按照「賠償原則」計算賠償金額，即

某人如果在事故中蒙受損失,可以引用保險合約索償,但是賠償金額最多不會高於實際損失的價值;換言之,受保人不得因損失而獲利。如果以新易舊,則保險公司會扣減折舊額,以便反映受惠情況和貫徹賠償原則。若遇到涉及汽車全損補償金額的糾紛時,保險索償投訴局會考慮保險公司的賠償建議是否合理,亦十分倚重汽車公證行的估價報告。

(四) 近因原則

還記不記得歷史課時學習過的遠因和近因?一件歷史事件的發生必然由多個原因組成,可能有間接的、存在久遠的原因,也有發生於當前的近因。

其實平日生活中出現的意外,也是由多項原因組成,例如一棵大樹倒塌,遠因可能是因為樹木已經衰老,而近因則是被颱風吹倒;又或者患上傷風感冒,可能是欠缺休息加上天氣轉變著涼所致。世界上每一件事和每一項損失都可以由不同的成因構成。在保險的機制裡,不是每一項成因都會受保,而保險索償或保險金的要求,是必須於每一個案中抽出一個主導的成因。

一起來看看以下這些個案,找出哪個才是近因?

案例說明：怎樣才合乎近因原則？

案例一

投訴人一家原定於 2015 年 8 月 22 至 26 日前往曼谷旅行，並向保險公司購買旅遊保險。然而，曼谷於 2015 年 8 月 17 日發生炸彈爆炸，而香港特區政府保安局亦於翌日向曼谷發出紅色外遊警示，投訴人一家最後決定取消有關旅程。由於恐怖活動屬保單內旅程取消保障的其中一個受保風險，投訴人就未獲退回的機票費及取消酒店的手續費向保險公司提出索償，涉及金額約 11,400 港元。

保險公司認為有關炸彈爆炸不符合保單內「恐怖襲擊」的定義，由於投訴人一家取消旅程的原因並非因保單內的其他指定風險所導致，保險公司因此拒絕賠償。

保險索償投訴局的投訴委員會的調查結果顯示，有關保單訂明：「恐怖活動包括任何人或團體為達到政治、宗教、思想或同類目的作出的行動、策劃或威脅活動，包括意圖影響任何國家法律上或實際上的政府或其政府部門，及／或威脅任何國家的公眾或部分公眾，不論是獨自行動或代表或聯同任何組織或法律上或實際上的政府亦然。『恐怖活動』包括：

(i) 涉及以暴力對待一人或多人；或

(ii) 涉及財物損毀；或

(iii) 危害生命但不包括執行行動的人；或

(iv) 對公眾或部分公眾的健康或安全製造風險；或

(v) 設計用作干擾或破壞某電子系統。」

投訴委員會留意到，泰國政府沒有宣布炸彈爆炸事件為「恐怖襲擊」，且未有任何人或組織對有關事件承認責任。鑑於導致爆炸事件的原因仍未明確，委員會同意於 2015 年 8 月 17 日在曼谷發生的炸彈爆炸事件不應被視為「恐怖襲擊」。

鑑於有關旅程取消並非由保單內列明的任何一項受保風險所導致，保險公司拒絕賠償投訴人未獲退回的機票費及取消酒店的手續費的決定合理。

總結以上案例的要點

所有保險合約均清楚列明承保條款，詳細交代合約將承保的損失類別、性質及情況，而具特別含義的詞彙一般會在保單的定義部分清楚列出，並闡明含義。假如某宗意外事故並非因指定的受保風險導致，又或引致損失的情況並不符合保單內指明的定義要求，保險公司有權拒絕賠償的決定。

案例二

投保人用棉花棒清潔耳朵時不慎弄傷右耳，翌日向醫生求診，診斷結果為「採耳導致右耳受傷」。由於沒有證據證明投保人的右耳受傷是獨立地因意外事故直接造成，故保險公司拒絕發放意外醫療賠償 1 千港元。

意外保單條款訂明：「受傷」指「完全及獨立地因意外而非其他原因如疾病等直接引致的不正常身體狀況」。「受傷」一詞，不應只著眼於事件的發生是否未能預料或非故意。雖然投保人

的受傷是無法預料或非自願的，但在沒有外在力量驅使或受其他物件或第三者撞擊的情況下，未能令保險公司相信其右耳傷患是因意外事故造成的。採耳乃自發行為，會增加耳膜受傷的風險，由於投保人令自己處於預知的風險，故有關事故不應視為意外受傷。

案例三

受保人在酒樓任職洗碗工人，她聲稱在工作間滑倒而弄傷背部，導致背部疼痛，並於當天入住政府醫院進行檢查，發現背痛和左邊身體麻痺，遂被轉介入住另一家政府醫院，進一步接受為期 3 周的治療，並獲發 292 天病假。

保險公司不予發放受保人的意外賠償 6 萬 5 千港元，理由是沒有實質證據證明受保人的背痛是直接由該宗意外引致，不涉及其他因素。

根據保單條款，「由意外事故造成身體受傷」是指「身體受傷純粹和直接因某宗獨立意外事故造成傷患，並不涉及任何其他因素，而受保人身體表面必須有明顯傷痕或瘀痕」。從政府醫院發出的醫療報告中得悉，受保人在近兩年不時有背痛紀錄，曾進行脊椎 X 光檢查、頸椎和胸椎磁力共振造影檢查，結果發現受保人有退化跡象，被診斷患有腰痛是由於脊髓骶椎退化所致。

保險公司根據所有醫療證據，傾向相信受保人持續腰痛的原因是脊髓骶椎退化所致。故此，同意其腰痛並非如保單所指，是

直接由某宗意外事故引致，不涉及其他因素。

總結以上 2 個案例的要點

個人意外保單保障受保人因無法預計及未能預計的意外事故導
致的身體受傷，當中不涉及其他因素。為確定某宗傷患是由獨
立的意外事故直接造成，保險公司會考慮傷患的性質及受保人
如何受傷。一般而言，保險公司會相信某些傷患是因受保人不
小心造成，如進食時咬傷舌頭、清潔時抓傷鼻腔或佩戴隱形眼
鏡時弄傷角膜等，都不會視作意外受傷。如果有證據顯示有其
他原因可能令受保人的病情惡化，例如：舊患或退化等，則保
險公司多會認為該宗意外索償並不符合保單條款。

保險公司
內部運作

一張保單的出現，必須經過保險公司裡不同部門的策劃、審核、分析、調查和計算。我們可以嘗試用設計、製作、銷售及分析 4 個概念去理解。

第一步當然是產品設計，一般是根據公司的發展方向，回應市場需求和配合市場走勢等不同因素，由不同部門著手設計產品，撰寫保單內容。有了設計概念，然後開始製作，過程必須經過法律部審核條款、精算師計算風險，分析公司能否承擔該項新產品帶來的風險，繼而計算保費。然後業務部便可透過不同渠道把產品推出市場，保險代理也會向客人介紹。當有客人投保該項產品，便交由承保部審閱，決定保費及相關條款等。若有客人提出索償，負責處理的理賠部將按照保單條款收集資料，調查索償理據是否足夠，再決定是否作出賠償。

保險產品不是消耗品，而是一份合約，在推出市場後可能會按市場情況推出更切合需求的產品版本。財務部、精算部和不同部門主管需分析該產品推出市場後的不同數據，例如有多少人購買、多少人索償，從而調整產品的價格和相關條文。

理論上，每項新產品或新條款的出現，也必須經過這個周而復始的過程。

其實保險公司內部的運作並不一定是由上而下，而是不同部門之間的互動，很多時候甚至是由市場需求帶動。例如當香港保安局在 2009 年設立「外遊警示制度」時，保險公司會著手研究是否可在旅遊保險中加入該項條款。當管理層落實後，便交

由專責旅遊部門的主管研究是否可行，例如搜集全球發生恐怖
襲擊的資料和數據，評估風險，撰寫條款內容。接著便交給法
律部門審核是否合乎法律條文。確定沒有違例後，便會交給精
算師計算風險及相關保費，完成後便交給業務部推出市場。當
客人購買後，承保部需作出評估，例如投保人所到的地方是否
在可保範圍內，當中的風險又有多少，承保的話要收取多少保
費等，經批核後保單才正式生效。假若投保人的旅程因外遊警
示的出現而有所更改，並就相關費用提出索償時，將由理賠部
處理，例如先看保單條款是否有該項保障，再核實投保人遞交
的更改行程證明等等，經調查及核實，確認無誤後，便會作出

保險公司內部運作

財務部、精算部和部門主管處理風險管理組合

管理層決策業務方向

部門主管設計產品

法律部審查產品、精算師計算風險

業務部(聯同保險代理及經紀)推廣產品

承保部決定承保條件

理賠部處理索償

賠償。一段時間後，各部門收集關於這項新條款推出市場後的不同資料和數據，從而作出研究和分析，再看該條款是否有調整的空間，保險公司能否承擔相關的風險，保費和保額又能作出怎樣的調整。

由此可見，保險業與整個社會和經濟運行息息相關，宗旨就是為顧客處理各種風險，同時維持保險公司的財政穩健，以為社會大眾提供持續有效的保障。

你不認識的保險從業員

保險業主要分人壽和一般保險兩大範疇,而香港的保險公司主要有一般保險(非人壽)公司、人壽保險公司及再保險公司等。

市民平日接觸的保險從業員大多是最前線的銷售員,即是保險中介,包括保險代理及保險經紀。那麼,兩者有何分別呢?

保險代理——代表保險公司

保險代理的工作主要是代表指定保險公司,銷售該公司的產品和服務。保險代理必須在香港保險業聯會的保險代理登記委員會登記,並受《保險代理管理守則》監管。市民可以在香港保險業聯會的網頁(www.hkfi.org.hk)搜尋已登記的保險代理資料。而隨著監管制度改變,保險代理日後將由保險業監管局監管。

保險經紀——代表投保人

保險經紀主要代表投保人搜尋合適的保險產品或跟保險公司商討度身訂做的合適方案。保險經紀須由香港保險顧問聯會或香港專業保險經紀協會授權才可履行業務。同樣由於監管制度改變,為更有效管理,保險經紀日後亦將由保險業監管局監管。

除了以上兩種站在前線的保險從業員,一張保單的出現,少不了以下這些後勤人員。

核保師——決定承保條件

核保師的工作是在收到購買保險的申請後，根據客戶資料，例如年齡、性別、財務狀況等，客觀評估承保項目的風險，分析客戶是否適合投保，繼而訂定保費及相關條款。另外，有需要的時候，核保師須作實地考察和調查，更要聯絡客戶和中介人等，講解保單條款及細節。

核保師的學歷要求為大學程度或以上，工作過程需不斷學習及了解各行業的營運情況，並洞察每個細節，適合喜愛學習和接觸新事物，同時又關心社會時事及經濟發展的求職人士，而他們亦應具備良好的溝通技巧。成為核保師並不須要考獲牌照，市場上則有不同程度的課程（如職業訓練局、澳大利亞及新西蘭金融與保險學會，以及英國特許保險學院的保險課程）予核保師進修。

理賠師——調查及處理索償

理賠師的工作包括全方位收集資料以處理保險的索償申請，並與客戶、公證行、醫院、警署、法庭及政府部門等機構聯絡，繼而對索償個案作出分析及處理，然後決定賠償金額，並防止欺詐索償個案發生。索償個案種類繁多，涉及人壽、汽車、醫療、家居財物等範疇。

理賠師的學歷要求為大學程度，並以具備處事認真、不偏不倚、心思細密、喜愛學習和接觸新事物等特質的人為佳，工作

上亦要留意相關法律條文及修改。

風險管理師──計算及管理風險

風險管理師的主要工作是評估環境風險,查勘客戶投保的物品,如商舖、樓宇、員工等,令投保人了解潛在風險,從而加強預防措施以減低損失。他們同時亦會向核保師提供意見,(特別是從工程學角度)指出有哪些風險需要特別留意,好讓核保師合理評估如何調節保費和其他保單條款。

要成為風險管理師，除具備基本的大學學歷外，亦需要熟悉定量分析，並能夠在嚴格期限內完成工作，同時需要有分析財務報表、項目管理等技能。此外，如有專業工程學學歷或工作經驗，像是土木工程、土力工程、機械工程等則更佳。

精算師──計算風險及設計產品

精算師的工作大致可分為幾個類型。第一是設計非人壽保險的產品，為市民釐定可行、可靠，以及長遠發展的保險產品及制定紅利分配。設計的過程，除了看市場上的需要，也要計算產

品的價格、保障價值，以及當中涉及的所有風險，從而計算一群人面對的所有風險是多少，再將之攤分後的價值是多少，這就是產品的定價。

另外，也有一些精算師負責財務方面的工作，為公司儲備充足的資本及設立責任準備金，以確保公司財務狀況穩健，即使在突如其來的事件及金融市場變化的情況下，亦能兌現對投保人作出的各種承諾。

還有一些精算師從事風險管理工作，對客戶於累積財富、健康保障、對自己及家人的財產和生命保障中擔當重要的角色。

精算師需要運用數學、經濟、財政、統計等多方面知識，協助保險公司評估產品風險及制定應對策略，務求把風險成本最小化，並要計算因承擔保險責任的相應保費和準備金。精算師亦需要整理大量數據，並從數據中設計出新產品，即不同的保險計劃。

精算師一般對四周事物都有好奇心，並且需要主動積極，因為保險產品都與日常生活息息相關。香港雖有精算學會，但由於沒有精算師註冊制度，要成為國際認可的執業專才，須考取北美、英國、蘇格蘭或澳洲的專業試。以北美精算師協會（SOA）為例，一般需時 6 至 10 年才可通過所有試卷，取得協會的正式會士資格（FSA）。

今天的
保險：
個人生活

5.1

大學宿舍：
人生有很多
第一次
（旅遊保險）

有說人生最大的煩惱，不是走得太早，留下太多責任；就是活
得太久，欠缺生活條件。每個人對生活的追求不同，人生際遇
也有高低起跌，有人安於天命，有人步步為營。人生旅途上，
是選擇獨自承擔各種風險，還是找人分憂？面對不可預知的未
來，他們需要一個承諾，替他分擔風險，然後好好規劃人生。

大學考試完畢，Ivan 準備跟 4 個死黨去歐洲旅行。這是他人
生首次自由行，大半年前已經開始籌備，機票、住宿、火車
證、上網 SIM 卡也準備好，唯獨是父母日夜提醒要買保險，
卻嫌他們囉唆，沒放心上。其實 Ivan 在網上找旅行資料時，

網站不停彈出旅遊保險的廣告，看得他眼花繚亂，只想隨便買了便算。這天剛好約齊 4 位團友在宿舍房間討論行程，於是跟各人商討一下。有人説隨便選最便宜的，有人説旅遊保險沒用，你一言我一語。最後還是選了一個接近千元的保險計劃，友人 A 卻嫌太貴沒有購買。

距離出發還有 5 天，朋友 B 説媽媽因交通意外入了醫院，情況嚴重，要一段時間才能康復，所以沒法跟他們去歐洲，但不知道是否可申請保險索償。然後朋友 C 又説原來下月爺爺 80 大壽，爸爸一定要他出席，説他既然買了保險，大概可索償更

改機票的費用。

結果朋友 B 可以拿回已繳付的費用，包括機票、住宿、火車票等，但朋友 C 卻不能。不過反應最大的卻是朋友 A，他說從來不知道旅遊保險原來有這樣的保障，隨即也買了旅遊保險。有說旅行也是一種學習，這次 Ivan 未出發已經上了一課，日後也會緊記，確定行程買了機票，也盡快購買保險。為甚麼朋友 B 可以獲得賠償，朋友 C 卻不能？

取消 / 提早結束行程

保單條款一般訂明只會按照某些特定情況才作出賠償，例如受保人、其直系親屬、密切商業夥伴或旅遊夥伴身故、嚴重受傷或患嚴重疾病。其次便是受保人需出庭作供、出任陪審員或接受強制隔離。如果是因為保單沒有訂明的原因，例如只是私人或個人經濟問題，則超出保單的保障範圍，故不會作出賠償。

朋友 B 因直系親人遇上車禍，嚴重受傷，需入院治療，故可獲得賠償。反之，朋友 C 的原因屬私人性質，不屬於保障範圍。

旅遊保險的基本保障範圍

旅遊保險的保障範圍一般包括：
（一）意外身亡賠償
（二）意外導致永久傷殘或殘廢賠償
（三）因疾病或意外引致醫療費用賠償

（四）個人責任保障

（五）行李遺失、受損或延誤

（六）金錢遺失

（七）因指定原因而取消行程

（八）因指定原因而須提早結束行程

（九）因指定原因導致行程延誤

市場上的旅遊保險計劃所提供的保障項目不盡相同，要留意各項條款的細節，例如保障範圍、賠償金額等。在選擇合適的計劃時，除了保費，這些細節亦是考慮因素。

購買旅遊保險的注意事項

不保事項

要留意保單列明的不保事項，例如投保前已存在的受傷、疾病、暴動、戰爭等。至於受保項目和賠償條件視乎個別保單而定，投保人應細閱保單列明的保障範圍。

索償上限

有沒有自負額，索償額上限是多少。

緊急支援

在外地如何聯絡保險公司，是否提供 24 小時緊急支援服務。

索償文件

索償所須的文件，例如收據、警方報告等。

5.2

登機閘口：
在家千日好
（家居保險）

Sue 與 Vincent 在登機閘口等了 4 個多小時，他們這個慶祝結婚 5 周年之旅就在航班延誤中結束。Sue 笑著跟 Vincent 說，最好再等兩小時，這樣便有行程延誤保險索償。一般旅遊保單都包括 6 小時以上的航班延誤賠償，而 Sue 購買的那份也有此項保障。Vincent 懶理，繼續拿著 iPad 看 Netflix 的紀錄片。Sue 也繼續跟舊同學 Nicole WhatsApp。不知怎的，她跟 Nicole 特別投契，彷彿在她身上看到另一個自己。不過自從結了婚後，Sue 頓覺人生進入另一階段。雖然住的不是自置物業，但錢都放在新居上，不再花錢置裝。他倆嗜好多多，也不打算生兒育女，一年外遊好幾次，看山看水，又喜歡逛二手店和市集。Sue 常說 Vincent 是收買佬，喜歡在世界各地搜羅舊物，特別是玩具和相機，新居早為他的收藏品預留房間。

一邊 WhatsApp 一邊看新聞，原來香港正下著大雨，天文台更發出紅色暴雨警告。Sue 有點擔心他們的新居。誰叫他們喜歡舊式樓宇，坐間的確夠大，但經常要維修。其實 Sue 一直也說要買家居保險，只是 Vincent 常說業主已購買樓宇保險，覺得多此一舉。趁著這次出門 Vincent 又有收穫，Sue 再提起此事，並加一句：「你不擔心你的古董相機嗎？」原來 Vincent 從來不知道家居保險也包括個人財物，還是女人比較細心，想想還是要買一份家居保險比較安心。

此時在登機閘口開始有人排隊，原來終於可以上機了。

聽到後面有人說：「夠不夠 6 小時呢？」

Vincent 說：「但是我們經常出門，是否沒法投保家居保險呢？」

樓宇結構保險與家居財物保險的分別

樓宇結構保險，俗稱「火險」，由業主投保，一般保障範圍包括因颱風、火災、水浸等意外而破壞樓宇結構引起的損失。樓宇結構指的是牆身、地板和其他固定裝置及設備。賠償原則為受保單位因損壞而需要維修或重建的費用。

家居財物保險，俗稱「家居保險」，投保人可以是業主或租

客，一般保障範圍包括家居財物，例如傢俬、電器、衣物、電子產品、珠寶等。就貴重物品而言，宜於投保前詳列各個項目，再與保險公司商議，適當調整投保額及保費。

家居財物保險是否包括空置物業

家居保險條款大多數會註明如果受保家居連續一段時間內沒有人居住，不論是離家工作或度假，事先也要取得保險公司同意，方可繼續獲得保障。

至於空置多久才受此限制，則視乎個別保單的保障範圍而定，由 30 天至幾個月不等，投保人應向保險公司查詢。

購買家居保險的注意事項

損失價值賠償原則

保險公司的賠償責任只限於投保人所損失財物之當時市值，若投保人的財物在損失時已貶值，則會按照財物折舊後的實際價值、投保財物的總值、賠償上限等因素計算賠償額。簡單來說，例如投保人的相機以 1 萬元購入，假若因失竊而被盜，賠償額必須按照以上所列的因素計算，而不會是當初的購買價值 1 萬元。

其他附加保障

某些綜合家居保險可另付保費，選擇附加其他保障，例如家傭保險、第三者責任保險、全球性全險、高爾夫球保險等。

投保額是否足夠

如需為家中貴重物品購買保障，便需留意家居保險的投保額是否足夠。

5.3

酒吧：
我要買
Dream Car
（汽車保險）

「原來是從高空拍攝的大橋。」Jimmy 跟同事在酒吧 Happy
Hour，慶祝升職。此時收到哥哥傳來的相片，才想起他跟大
嫂剛旅行回港。哥哥說抵達香港機場前，從萬呎高空看到如此
獨特的景致，一定要他猜猜是甚麼。Jimmy 給同事看看，大
家很快便認出這是港珠澳大橋，然後異口同聲說：「怎麼你會
不知道？」

Jimmy 為了升職，這陣子忙得半死，莫說香港發生甚麼事，
就連自己有沒有吃飯也差點忘記。還好這次努力沒有白費，升
職加人工當然要慶祝一番，也沒有忘記獎勵自己。「終於可以

做車主了。」

他自畢業以來，首個人生目標便是做車主。雖然身邊不斷有人告訴他「買車容易養車難」，可是能夠駕著 Dream Car 在公路和大橋上飛馳，是他腦海裡經常出現的畫面。不過 Dream Car 可能還是有點遙遠，除了供款，還有維修保養和保險等支出，特別是保險更令他有點煩惱：有同事說有些保險公司不接受他這種「年輕駕駛者」投保。「28 歲還年輕嗎？我 10 年前已拿了車牌。而且不是法例規定一定要買汽車保險嗎？」

此時，Jimmy 的上司剛好來到，「買汽車第三者責任保險是法例要求，而汽車全保則跟旅遊保險差不多，視乎你的需要。」同事七嘴八舌，有人對 Jimmy 的駕駛技術有信心，等著坐順風車；有人說起上次颱風吹壞了汽車倒後鏡，要申請索償；又有人談到港珠澳大橋的汽車保險安排。

桌上放滿了啤酒樽，已經不知戰鬥到第幾回。「我們今天要盡情暢飲！」

然後 Jimmy 看到桌上放著酒後駕駛的警告。

汽車第三者責任保險

根據香港法例第 272 章《汽車保險（第三者風險）條例》規定，任何人在道路上使用汽車，必須向認可的保險公司購買第三者風險保險單或保證單。此乃強制性的汽車責任保險。

市面上的汽車第三者責任保險保障範圍包括：第三者人身受傷或死亡、第三者財物損毀及有關的法律訴訟和其他費用。第三者人身傷亡的最低法定保額為 1 億港元，亦即保單最高賠償額；而一般私家車保單提供的第三者財物損毀賠償限額為 200 萬港元，但法例對此並無特定的最低保額要求。要注意的是，被保人應留意保單內的墊底費金額。

汽車全保

汽車全保是除第三者保險外，還包括投保人的車輛在意外中所招致的損失，例如汽車遭盜竊或遭惡意破壞等。汽車全保的賠償也是根據保險的賠償原則，即是賠償財物於損失時的最高市值，並非財物的本來價值。由於車價變化很大，即使是一輛新車，一經使用，亦會立即折舊，所以決定保額時，會以車輛折舊後的市價為準；每年續保時也應該根據車價作出調整，多數會將保額下調，以免保額高於汽車的實際市價。

還得注意，萬一汽車修理費比車輛的市價高，保險賠償只會把汽車當作全損計算，即賠償車輛市價的全數；假如維修費比市價低，保險公司便會根據實際修理的收費單據，賠償扣除墊底費後的數額，實報實銷。

甚麼是「墊底費」？

「墊底費」是汽車遇到意外要維修時車主必須繳付的基本費用，餘數則由保險公司以實報實銷方式負責。保險公司會因應受保車輛的類型、駕駛者的年齡、駕駛經驗等來制訂墊底費。

甚麼是「除外責任」？

與所有保單一樣，汽車保單也有不作賠償的不受保項目。保單持有人必須仔細查看保單。常見的不受保項目包括在指定地區外使用車輛、司機無牌駕駛、酗酒或受藥物影響導致的損害。

年輕駕駛者須知

許多保險公司均指明投保人的最低年齡要求及保單上「指定司機」的年齡要求。最低年齡一般為 25 歲。雖然未滿 25 歲的人士仍然可以申請汽車保單，但可選擇的保險公司將十分有限，而且在提出索償時或須支付額外的自負額。這情況同樣適用於駕齡不足兩年的「經驗不足司機」。

發生意外時應如何處理

· 保持鎮定，避免和對方司機爭論責任誰屬。

· 盡快報警。

· 如遇傷亡，在未獲警方同意前，不要移動車輛。

· 未獲保險公司同意前，不要自行承諾任何賠償之安排，否則所有責任自負。

· 為追討第三者責任賠償，盡可能向對方司機錄取以下各項資料：車主及司機之姓名、聯絡電話及地址、車牌號碼、保險公司名稱及保單號碼。

· 意外發生後，應盡快通知保險公司。

· 在未得到保險公司同意前，請勿進行任何維修。

‧ 所有法庭／警方通告及第三者索償文件應一律轉交保險公司處理。

港珠澳大橋的汽車保險安排

港珠澳大橋於 2018 年 10 月 24 日正式通車，由於大橋連接港珠澳三地，而三個地區對交通安全有不同的法律條例規定。車主若要經常往來三地，可考慮向提供兩地或三地的法定汽車保險的公司購入相關保障，單一汽車保單並不符合三地現行的法律規管要求。如果在橋上發生意外並涉及保險索償時，車主或保單持有人應該首先聯繫事故發生地點的保險公司；若有需要，亦可向所屬地區的保險公司查詢。

5.4

公立醫院：
等到天長
地久
（醫療保險）

終於，Nicole 等到不用開會，下午陪媽媽到醫院覆診。自畢業後 Nicole 便在這家公關公司工作，5 年來莫說一個月，兩個星期大假老闆也嫌太長。這次媽媽車禍入院，多請幾天假也很艱難，要知道做公關行業總是長期處於備戰狀態，她也確實感謝弟弟放棄跟同學歐遊，在香港陪著媽媽。

在醫院一坐就是兩個多小時，一邊等，一邊拿著手機回覆電郵。抬頭看看診症室外的顯示板，寫著「30-35」，而她手上那張是「65」。終於亮起紅燈，不是診症室，而是她的手機，原來電量只剩「20%」。Nicole 再抬頭，眼見四周都是別人的爸媽和公公婆婆，據知公立醫院的專科門診排期排到 2020年，「真是等到天長地久」。從來只埋首工作的 Nicole 頓覺「離地百千里」。

想起她那位在保險公司做精算師的中學同學 Sue 常跟她說甚麼醫療保險「越早買越好」。她一直不以為然，心想公司福利也不錯，看醫生都不用付錢，何需再花錢買醫療保險？還是省下來買多幾對高踭鞋見客。

這時坐在身旁的媽媽拍拍她：「到我了，你在發甚麼呆？」

Nicole 腦海出現很多問號，心裡盤旋：「雖然公司提供團體醫療保險，但我還未夠 30 歲，沒可能在這家公司打一世工⋯⋯還是明天找 Sue 了解一下個人醫療保險的資料吧。」

為甚麼醫療保險越早買越好？

保險計劃的原理是保額越大，保障便越大，保費亦會越高。理論上年齡跟身體狀況成正比，越年輕，風險便越低，保費亦較便宜。當年紀越大，身體出現毛病的風險便越高，屆時才投保，除了要支付較高的保費，某些病症甚至可能未能受保。所以在身體健康時購買醫療保險，表面上似乎是最不實際，其實卻是以最划算的方法為未來做好準備。

公司已有醫療保險，還需要自行購買嗎？

視乎所屬公司替僱員購買醫療保險的保障範圍及投保額是否足夠，例如是否只提供普通門診保障及私家醫院的基本住院保障。如果在住院方面，希望可入住雙人／獨立病房，則可視乎個人意願，考慮是否需要購買多一份保障。

留意即使同時受到公司的醫療保險及個人自行購買的醫療保險保障，假若需要治療，也只能先向其中一方提出索償。假若公司的醫療保險未能賠付全部的醫療費用，則可向個人購買的保

單提出索償，以繳付賠償的差額。

購買醫療保險的注意事項

個人需要

首先考慮個人需要甚麼保障，例如門診或住院；其二是保障範圍，如需入院，選擇哪一家醫院？哪個等級的病房？

承擔能力

保費隨著投保人的年齡增長、醫療通脹等因素而提升，故投保前必須考慮個人的經濟負擔能力，再揀選合適的醫療保險計劃。

不保事項

留意保單中列明的不保事項，特別是「投保前已存在的疾病」條款是大部分醫療及住院保障中最常見的不保項目。

健康申報

投保人有責任披露個人健康狀況，一方面保險公司用以評估風險，另一方面亦避免在提出索償時引起爭拗。

5.5

百日宴：
給她們最好
的禮物
（人壽保險）

Ryan 收到妹妹的短訊，說航班延誤，來不及參加一對孖女的
百日宴，還附加一句：「因為剛好延誤了 6 小時，所以有保險
賠償，那些錢便用作買禮物給小侄女吧。」

對於妹妹逍遙快活的生活，Ryan 實在沒空去羨慕。所謂上有
高堂，下有妻房，此時此刻，除了拼命工作，努力賺錢，似乎
沒有甚麼可以做。Ryan 看著首次當爺爺嫲嫲的父母整晚笑得
合不攏嘴，還興奮得把家傳的兩條金手鏈送給孖女，Ryan 覺
得再辛苦也是值得的。作為家庭的經濟支柱，本就要供樓供
車，將來還要供書教學，這也是不能忽視的終身承諾。

一直是按部就班、計劃周詳的人，不過這次也令 Ryan 有點措手不及，沒想到他們的第一胎會是雙胞胎，於是所有支出幾乎是以倍數增長，加上太太決定暫時辭職當全職媽媽，Ryan 必須重新計劃。身邊朋友意見多多，好像這一晚，來參加百日宴的表哥，叫他一定要替子女買醫療保險，説現在流行病肆虐；同事又説要準備教育基金，好讓子女日後能夠到外國升學；甚至酒店宴會廳的經理也有經驗之談，叫他要買人壽保險。Ryan 一邊吃著炸子雞，一邊聆聽，又一邊發問，咳咳咳，差點吞下雞骨。「小心呀，一會還要開車載我們回家。」看著太太的眼神，Ryan 知道那張人壽保險單似乎是避不了，聽説人

壽保險好像也有很多不同種類，他決定今晚回家研究一下。

你需要買人壽保險嗎？

人壽保險最重要及最基本的目的，是在你身故時為家人提供財務保障。所以，如果你是家中經濟支柱，需要供養父母、小孩、伴侶或親人；又或是有債務，例如按揭貸款，便需要考慮購買人壽保險。購買人壽保險的基本原則是以保障家人為先，故首要考慮條件為保障，隨後才是儲蓄或投資功能。

購買人壽保險的注意事項

現時的人壽保險提供多元化的保障及儲蓄成分，因此，投保人的保費供款亦會按比例支付各種保障項目。所以，在揀選不同計劃時，投保人要注意供款的實際用途，如果打算以保障為主，儲蓄為副的話，應該選擇保額較高及保障範圍較全面的類型，相對減少儲蓄額；相反，如果想把絕大部分的保費花在儲蓄上，那麼保額及保障範圍自然相對減少。

定期人壽保險

定期人壽保險屬純粹的人壽保險，並無儲蓄、投資成分及紅利，只會在受保人去世時於受保期內提供賠償。定期人壽保險設有限定保障年期，例如 10 或 20 年。保費會根據年齡而分階段增加，年輕時投保保費較低，保額亦較高，但沒有儲蓄成分。保單到期後可以續保，所提供的保障於保險合約生效期內維持不變，但是投保雙方可以根據需要調整保額。

終身人壽保險

以終身（例如保障至 100 歲）為年期，保費在繳付期間固定。
與定期人壽保險相比，保費較高，保額亦較低。終身人壽保險
兼具保障及儲蓄功能，投保人可以定期收取因儲蓄而累積的現
金價值；受保人一旦去世，受益人可獲得一筆過包括紅利在內
的款項。投保人通過定期交保費予保險公司作投資之用，便可
以分得紅利。留意短期或中期內取消保單可能會引致較大損
失。另外可附加醫療、危疾及意外等保障。

儲蓄人壽保險

儲蓄人壽保險以儲蓄為主，在指定的合約期滿之日，投保人可
獲一筆過款項。假如受保人在合約期滿之前去世，保險公司
則會提供死亡賠償。儲蓄人壽保險的特點為具有較高的儲蓄成
分，保費相對終身人壽保險高，而保額會更低，一般難以提供
足夠的身故保障。故此類保險的目標是作長線儲蓄而不是人壽
保障。另外，跟終身人壽保險相同，短或中期內取消保單可能
引起較大損失。另外亦可附加醫療、危疾及意外等保障。

投資相連人壽保險（投連險）

與投資相連的人壽保險，即是計劃的收益與所選擇投資項目的
表現掛鈎。保單持有人可在投連險內建立投資項目組合，亦可
轉換投資項目而毋須終止保單。由於投連險屬於人壽保險保
單，故保單持有人之投資需要承擔保險公司的信貸風險。投連
險屬於較長線的投資產品，提早退保亦可能引致已繳保費出現
大額虧損或損失原有的紅利。

選擇此類保險計劃時，首先要作財務分析，評估自己的保險保障及財務需要，並透過《風險承擔能力問卷》評估自己承擔投資風險的能力。除了確定自己是否願意及有能力長期供款至投資期滿為止，亦要清楚了解投連險的收費詳情，特別是在保單到期前將部分投資套現或退保需要扣除的款項。此外，投保人在冷靜期內有權取消保單。要注意，由於保單持有人已繳的保費已用作購買投資項目，退保時保險公司會先將已購入的投資項目變現，假如因此而蒙受損失，便會先扣除因市值調整而出現的差額，才發還保費予保單持有人。

定期檢視人壽保險計劃

隨著人生階段轉變，你所需要的保障亦有不同，之前購買的人壽保險可能已經不適用。從結婚、生兒育女、置業，到子女完成學業、還清樓宇按揭，最後步入退休等等，因此在不同階段也需要重新檢視你的人壽保險計劃。

5.6

雲吞麵店：
代代相傳
（儲蓄人壽
保險）

思前想後，陳伯終於決定把多年的心血結束，趁價錢好把舖頭賣掉。陳記雲吞麵最後一天營業，熟客都來跟陳伯說再見，特別是老顧客 Elaine，她跟陳伯認識多年，多年來在店舖對面的酒店上班，差不多天天來光顧。此時 Elaine 才知道，原來陳伯經營的雲吞麵店是從他爸爸的街邊小販檔開始，他自小在旁幫忙，後來才自立開舖，煮麵養大一家人。陳伯很想把麵舖傳下來，但畢竟已經 70 多歲，心裡想：難道叫做律師和醫生的兒子來煮麵嗎？

兩個兒子一直慫恿陳伯拿著賣舖的錢跟太太坐郵輪環遊世界，相反，陳伯知道孫仔暑假跟同學去歐遊，很想出錢資助，認為後生仔要出外看世界，自己七老八十出外幹嘛。當然這想法被兒子阻止，認為他也是大學生，已是成年人，去旅行不應由長輩出錢。其實陳伯拿著那筆錢也不知如何是好，如今雖然不算大富大貴，但總算安居樂業，衣食無憂。他們這一代總是為下一代擔憂，這天看新聞說到英國很快可以用甚麼人工智能取代醫生。雖然他不太明白甚麼是人工智能，卻想到將來全部的工作都會被取代，將來孫仔豈不是會失業？記起早前有位食客跟他提過有一些保險計劃具儲蓄功能，可以為家人留下多一份保障，他覺得是時候了解多一些了。

甚麼是儲蓄人壽保險？

儲蓄人壽保險有以下特色：

· 設有指定年期，並可選擇變更受保人，將財富一代傳一代。

· 主要用作長線儲蓄，不適合追求短期回報。

· 產品的風險為非保證紅利，宣傳單上的投資回報說明宜作參考。

· 注意冷靜期的設定，投保人可在指定日期內取消已購買的保單及取回已繳交的保費金額。

· 如非必要切勿輕易終止保單，可能會帶來損失。

· 留意通貨膨脹帶來的風險，將來的生活成本會比現時為高，宜審慎處理財務安排。

購買儲蓄人壽保險的考慮

你有需要嗎？

沒有一種保險產品是必須的，每種產品針對不同人士需要。所以首先要認識自己的個人目標，再尋求合適的財務保障和所需的保障範圍。

你有能力嗎？

有不少保險產品都是長遠的承保，必須評估個人的財務能力，特別是購買保費期較長的保險計劃時，考慮會否對你的財務狀況造成負擔。

你有足夠保障嗎？

購買的產品是否符合你所需的保障，例如投保的金額是否足夠維持個人生活水平，或能解決財務負擔，例如支援親人的生活等。同時，需要定期檢視你的保險計劃，看看是否仍適合人生不同階段的需要。

購買時的注意事項

產品比較

建議貨比三家，比較不同保險公司的產品，不要只著眼保費金

額，還要留意保障範圍和條款等。

細閱詳情

不應只看宣傳品上的條款說明，這可能只是摘要部分。必須細閱完整的保單條款及細則。

轉換保單

不要輕易退保或轉換保單，因為有機會招致財務損失。重新投保的話，或會因為年齡增長或健康狀況改變，以致需繳付更高的保費，甚至被拒絕受保。

披露資料

必須如實填寫重要資料。假如不確定某些資料是否重要，如實地申報便萬無一失。

切勿留空

不要貪方便在保單上留下任何空白位置便簽署，或交給第三者替你填寫資料或簽名，包括保險中介。

檢視文件

收到保單後可再次檢視文件中投保人的各項聲明，以確保所提供的資料無誤。

5.7

美容院：
安心過渡
下半場
（投資相連
人壽保險）

今天休假，Elaine 如常到美容院。在酒店工作 20 多年，
Elaine 見盡人生百態，很早已明白世事變幻無常。昨天在酒店
的百日宴中，跟客人談起子女的保障問題，不禁想起女兒還是
小孩子的時候，她便決意為女兒買一份儲蓄保險。那時 Elaine
的丈夫努力創業中，把金錢都投資在生意上，Elaine 想到自
己有固定職業，也就私下為女兒計劃一下。後來丈夫生意失
敗，Elaine 的積蓄也差不多全給了他，最後依然是離婚收場。
Elaine 獨自撫養女兒，生活總算過得去，她也慶幸當天準備充
足，明年女兒 18 歲便可以獲得一筆款項，讓她到外國升學。

此刻躺在美容院按摩床上的 Elaine，跟相識已久的老闆娘閒聊，老闆娘說起兒子已經大學畢業，供書教學的責任一下子完了，令她突然若有所失，著 Elaine 也要為自己打算一下。敷著面膜的 Elaine 心裡盤算，想起上星期保險代理的不同建議，例如把女兒的保險轉為成人的人壽保險，又或者為自己購買投資相連的人壽保險。凡事也以女兒為先，所以她不假思索便選擇了前者，而且說起投資，她總是覺得不踏實。現在回想，又覺得匆匆做的決定好像有點不對勁，是否應該考慮購買投資相連人壽保險呢？

老闆娘説：「你跟我買的療程也足夠用一年，怎麼其他事情卻沒為自己打算？」Elaine 在保養儀容方面絕不馬虎，此時此刻才發覺，除此以外，卻沒有為自己下半生作好準備。既然女兒的升學費用已準備好，而她距離退休還有 10 多年，也是時候為自己打算。可現在要換保單還來得及嗎？「女大女世界，況且你的責任已完成了。」老闆娘一邊幫 Elaine 洗臉一邊説。洗好臉，Elaine 便説：「還是回家再看清楚保單內容吧。」

甚麼是冷靜期？

新人壽保單均設有冷靜期，以便投保人重新考慮其購買保單的決定。冷靜期由保險公司向你或你的代表送達人壽保險或發出通知（以較早者為準）起開始計算，為期 21 天。在這段時期若改變主意並希望取消保單，可向保險公司發出書面通知。須注意的是，由於已繳的保費已用作購買投資項目，故退保時，保險公司會將已購入的投資項目變現，然後從保費值先扣除因市值調整而出現的差額，保費餘額則發還予投保人。另外，人壽保險產品中的整付保費保單並不享有冷靜期權益，此外，為提高保額而調高保費、在現有保單條款下行使抗通賬條文增加保額、在現有壽險保單加入新附加保障等，均不適用。

購買投資相連人壽保險的注意事項

· 透過財務分析，評估自己的保險保障及財務需要，考慮範圍包括：自己可負擔的保費及供款年期；保險賠償項目類型及金額，例如身故賠償、退保和保單期滿時可得的金額等。

- 必須在購買產品前完成「財務需要分析」、「風險承擔能力問卷」，以及「重要資料聲明書」等相關文件。

- 充分了解投資相連人壽保險之主要推銷刊物內容並仔細閱覽，充分了解有關的投資相連人壽保險產品，考慮是否切合自己的需要。

- 清楚投資相連人壽保險的投購詳情，特別是在保單到期前將部分投資套現或退保時需要扣除的款項。

- 清楚了解保險公司披露的風險，特別是自己購買投資項目所面對的風險，以及當中有哪些項目受保或不受保。

- 購買定期供款的投資相連人壽保險之前，必須先確定自己是否願意及有能力長期供款至投資期滿為止，切勿將之視作短線投資工具。

- 投保人在冷靜期內有權取消保單。

- 待保險代理清楚說明文件的內容，方可簽署作實。切勿簽署空白的表格。

- 對以上任何一項有懷疑也不應妄下決定，可向保險代理或所屬保險公司查詢。

5.8

解決保險
爭議的
渠道

相信你身邊總會出現保險代理，在選擇合適的保險代理時，最好同時考慮他們的建議書是否切合個人所需。若你懷疑某保險代理的身份，可隨時在香港保險業聯會的網站上查看「保險中介人登記冊」，從中查證。不過此登記冊不能保證任何登記人士的表現或信譽。每個行業總會有害群之馬，如果遇上行為不當的代理或對保險索償有任何不滿，可從以下途徑作出投訴。

關於保險代理：保險代理登記委員會 / 保險業監管局

成立於 1993 年的保險代理登記委員會，一方面負責登記合資格之保險代理、負責人、業務代表；另一方面則處理針對上述人士之投訴，就保險代理、負責人、業務代表之不當經營手法，為保險公司及投保人提供申訴途徑。而隨著監管制度改變，日後將由保險業監管局監管保險代理，以及處理有關保險代埋的投訴。

關於個人保單：保險投訴局

至於有關個人保單引起的金錢糾紛，保單持有人可聯絡保險投訴局（投訴局）。投訴局為香港保險業界成立的獨立機構，為消費者提供方便、快捷及易於使用的一站式服務平台，以處理所有涉及金錢性質的保險糾紛。

與索償相關的投訴個案，會透過投訴局委任的保險索償投訴委員會以裁決方式處理。委員會乃獨立組織，由獨立人士擔任主

席，其任命必須先獲得財經事務及庫務局局長批准。委員會另有 4 名成員，其中 2 位來自保險業界，其餘 2 位則為業外人士。投訴局會員公司必須遵守委員會的裁決。倘若投訴人拒絕接納委員會的決定，有權採取法律行動，委員會的決定並不會影響其法律權利。至於非索償相關而又涉及金錢糾紛的投訴個案則會透過調解，由投訴局委任的調解員處理。

投訴局的所有服務均是免費提供予消費者的。關於投訴局的資料，可瀏覽 www.icb.org.hk。

CHAPTER

6

保險與
社會

「保險是社會不可或缺的基礎建設，它像一條隱形的公路，把我們帶到更寬闊的康莊大道。」

還記得前文提到保險的核心理念就是風險管理。人生旅途變幻莫測，每個階段也會面對不同的挑戰，社會發展也是一樣。每天早上睜開眼，上網看看新聞，頻繁的經濟活動，不幸的天災人禍，政府、商業機構、公共服務機構、志願團體等等，每天面對不同的風險，他們也將這些風險轉移給保險公司，分擔財務損失。

保險在社會上的功能常被忽略，往往在意外發生時，大眾才會留意到保險的作用，好像 2016 年牛頭角時昌迷你倉大火，揭發了全港大部分迷你倉的月租費用不包括火險水險。另外，2018 年，提供電召汽車服務的 Uber 平台上的司機，在香港發生交通意外後，大眾才想起司機及乘客的保險問題。法例規定的第三者保險是否適用於這種新興的行業？還有不久前通車的港珠澳大橋，由於橫跨香港、內地、澳門三地的水域，在通車前也要解決三地的保險問題。

個人可以選擇自己承擔風險，但在商業世界，關乎企業盈利、穩健經營、誠信形象、持續發展，保險作為風險管理、策略投資的工具似乎是不能缺少。伸延至社會層面，也必須要有一套制度作保障，特別是社會福利不足或出現緊張情況時；這套制度同時亦可減少災難引起的社會問題，有安定社會、有助重建等重要作用。

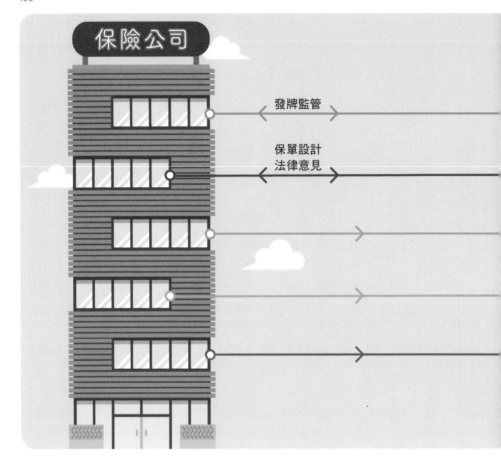

保險公司

發牌監管

保單設計
法律意見

保險與不同界別的關係

保險與社會不同界別的關係密切，一環緊扣一環，相互影響，
替不同界別分擔風險，為社會提供保障。

以興建一幢新建築為例，首先由建築師設計圖則，構思怎樣切
合客戶需要，又怎樣可以創新，同時也要考慮建築條例、環保
條例，當中涉及很多風險，這時便需要購買專業責任保險及環
境保險等作保障。

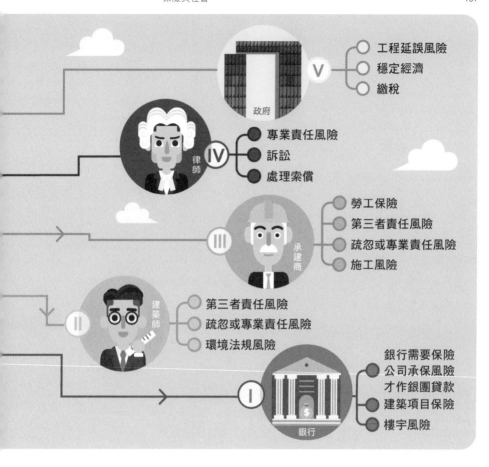

當建築師決定了設計方案，預備了圖則，下一步便是找承建商興建。興建期間涉及很多風險，如果發生意外，例如因棚架倒塌而傷及途人，便需要第三者責任保險的保障。另外，承建商聘請建築工人，也要購買勞工保險，萬一在地盤發生工傷意外，工人才會得到賠償，有所保障。勞工保險可替承建商分擔財務負擔和風險。

在這兩個層面以外，整個建築工程中也涉及很多保險的法律問題，建築師的專業責任保險、承建商的第三者責任保險、勞工保險等，購買這些保險時也需要經過律師的審核和提供法律意

見。這也是保險公司內部運作的一部分。假若出現索償時，或會需要律師的介入，提供法律意見。

此外便是銀行的角色。由於建築項目龐大，建築商需要向銀行貸款，銀行批核貸款時，也會考慮有沒有保險公司承保這個項目。而保險公司以已收取的保費作投資時，也可能涉及銀行的資產管理。另一方面，銀行本身也面對很多風險，市場的波動、管理高層的責任，這些也需要保險公司提供保障。

當然還有政府的角色。首先是保險公司需要政府發牌才可以營業，教育公眾及培養保險人才時也要與政府合作；而政府透過保險業監管局監管保險公司的運作，收取稅收。其實保險公司替政府分擔了不少風險，例如假若出現樓宇塌下的情況，在沒有保險的情況下，政府便要自行賠償給公眾。沒有保險的保障，建築師不敢做新設計，銀行或會不提供借貸，建築商難以開展工程，令整個建築業行業難於運作，可見保險實在是具有穩定經濟的作用。

保險與業界的關係——再保險

保險公司替社會上不同界別分擔風險，背負著這麼多的風險，那麼誰人替保險公司分擔風險？答案就是再保險公司。再保險的意思，就是「保險的保險」，是二次的風險轉移。再保險最大的作用是幫助保險公司將風險分散，以應付突如其來的天災人禍。平時保險公司會根據客戶的投保金額與險種等不同因素決定是否承保，故累積了大量客戶的一手風險，因此承受風險

的能力亦相對降低。正如我們一直提到的，風險無法預計，保險公司最擅長的是風險管理，當他們計算到公司承保的風險太高，或是財務上未必有足夠的資金，萬一遇上甚麼重大事故沒法獨力承擔，隨時會令公司倒閉，便需要將風險轉移給其他公司，幫他們分攤風險，也就是再保險公司。因此，再保險公司的客戶不是個人或其他機構，而是保險公司。

其實再保險公司也不是這個時代的產物，其歷史可追溯至 14世紀中葉。1370 年，一名意大利海上保險從業員首次發出一份轉嫁風險責任的保單，這被視為再保險的誕生。[20] 時至今天，再保險業作為全球性行業，更加不受地域限制，再保險公司可與全球各地的保險公司進行再保險交易，以減低保險公司所承擔的風險。

再保險的基本原則

風險轉移
在保險行業內進行風險轉移，以保持行業的穩定性，通過該等風險轉移，保留充裕的準備金，減輕保險公司的資本壓力。

改善產品
通過再保險安排，令保險公司得到更多的保障，使保險公司能夠以更優惠的價格為市場提供更全面的保險產品。

分析及決策
通過再保險公司與保險公司之間的合作，更有效地進行風險分

析及新產品的開發與定價等。

保險與法律界的關係──法例規定的保險

法律是維持社會秩序的一些規範和條例，某些法例的出現就
是為了為社會提供保障。因此法例所規定必須購買的保險，
代表這些風險須被攤分，可見保險是一套有效的社會保障工
具。現時香港法例規定必須購買的保險包括以下幾項：

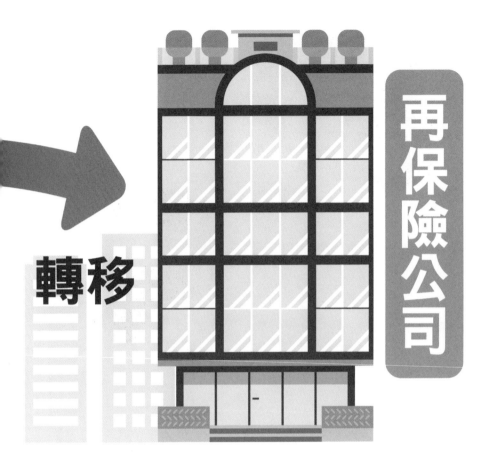

路上的車

根據香港法例第 272 章《汽車保險（第三者風險）條例》：「任何人在道路上使用汽車，或致使或允許任何其他人在道路上使用汽車，除非就該人或該其他人（視屬何情況而定）對車輛的使用已備有一份有效的和符合本條例規定的第三者風險保險單或保證單，否則並不合法。」

工作中的你

根據香港法例第 282 章《僱員補償條例》:「不論受僱於任何
工作的僱員,如在受僱工作期間因工遭遇意外以致身體受傷,
其僱主須負有按照本條例支付補償的法律責任。」法例更規
定僱主必須向認可的保險公司購買僱員補償保險(即「勞工
保險」)。

大廈內外的你

根據經修訂後的香港法例第 344 章《建築物管理條例》第 28 條：「法團須就有關建築物的公用部分及該法團的財產與保險公司訂立符合為本條的施行而訂明的規定的第三者風險保險單，並須保持該保險單有效。」

海上的船

根據香港法例第 548 章《商船（本地船隻）條例》第 23C

及 23D 條:「本部適用的本地船隻的船東、租用人或船長不得在香港水域內使用該船隻,或致使或允許任何其他人在香港水域內使用該船隻,但如有符合第 23D 條規定的保險單正就該船隻被該船東、租用人或船長或該其他人(視屬何情況而定)使用而有效則除外⋯⋯ 就保險單內指明的人或指明類別的人可因在香港水域內使用本地船隻而導致或引起任何人死亡或身體受傷而招致的任何法律責任,令該如此指明的人或如此指明類別的人受保。」

保險與社會的關係──公共醫療

保險亦替政府紓緩公共服務的壓力,例如前述的法律條例便有助減輕政府負擔,把風險和責任交由保險公司分攤。在醫療上,隨著香港人口老化,公立醫院不勝負荷。根據日本厚生勞動省發表的 2017 年最新調查,香港女性平均壽命為 87.66 歲,男性平均壽命為 81.7 歲,雙雙躋身全球之冠。長壽可以是祝福,但對社會來説也是壓力,近年就「自願醫保」計劃的諮詢和討論,便是紓緩醫療系統壓力的方法之一。「自願醫保是食物及衛生局推出的一項政策措施,以規範個人償款住院保險。保險公司和消費者的參與均屬自願性質。在這計劃下,參與的保險公司將提供經食物及衛生局認可的醫療保險產品。」這項計劃旨在「為市民提供多一個選擇,透過住院保險而使用私營醫療服務,長遠可望減低公立醫院壓力。」[21]

另外,根據香港保險業聯會公布有關購買醫療保險的資料,2017 年的統計數字顯示:「團體及個人醫療保險計劃現時為全

港超過 440 萬名市民提供各式各樣的保障。醫療保險賠償的
住院及手術個案中，90％受保人是在私家醫院／診所接受治
療，由此可見絕大部分備有醫療保險的市民，都選擇在私營機
構求醫，直接受醫療保險保障。」因此，醫療保險確實是公立
醫療服務以外的一個重要選擇。

保險與社會的關係——教育

其他公共服務方面，教育與保險的關係也是息息相關。前文提
到，1996 年 2 月 10 日發生的八仙嶺山火事件，導致 3 名學生
及 2 名教師死亡，13 名學生受傷，其後教育局嚴格規定，學
校活動要遵守的師生比例為 1：10 以下。學校裡也有不少高危
的地方，校園內經常會有意外發生，例如校工在清潔課室時不
小心摔倒受傷；學生在實驗室上課時，打爛容器而弄傷手；又
或者是校園門口的大樹倒塌而令路過的途人受傷。另外，每年
學校也會舉辦不少課外活動，老師帶學生出外考察亦存在不少
風險。所以教育局會為資助學校及按額津貼學校購買綜合保險
計劃。綜合保險計劃由 3 部分組成，即公眾責任，僱員補償
及團體人身意外。

學校綜合保險計劃：公眾責任

這是對第三方、教師職員及學生 3 方的保障。保障學校在意
外事故引致任何人（例如家長、訪客，但不包括僱員）受傷或
財產損失而須承擔的法律責任。

案例

2017 年 3 月，校園有一棵 9 米大樹倒塌，樹幹倒臥至校園範圍外的街道，壓毀附近兩輛停泊的私家車。保險保障校方因疏忽而引致第三者的法律責任。

學校綜合保險計劃：僱員補償

正如其他機構為僱員購買的勞工保險一樣，此乃為教師、合約職員等提供的保障，保障他們於受僱期間因工意外受傷或死亡或染病的法律責任。

案例

一名老師在校內被學生推倒，造成腳趾骨骨折。保險保障老師因工受傷時可獲得賠償。

學校綜合保險計劃：團體人身意外

學生參與學校活動而意外死亡或永久傷殘時可得到保障。

案例

一名學生在進行籃球練習時，被同學的手肘撞到眼鏡，導致鏡片破裂，右眼視力嚴重受損。保險可讓學生參與學校活動而導致身體嚴重受傷時獲得保障。

除了關於學校的保障，保險與教育的關係還可以再深遠一點。學校的教育亦可讓學生認識保險相關概念，像是保險的其中一

個理念就是關於理財。如果能從小學習理財哲學，慢慢累積理財觀念，對保險便會有充分的理解。另外，如果學生在學校已認識到風險管理、危機處理等知識，他們也更容易了解保險可對個人生活提供怎樣的保障。

保險與社會的關係──社會服務

保險與社會發展息息相關，經歷多個世紀，隨著經濟發展，市面上出現了不同的新產品，卻沒有一種保險產品被淘汰，也沒有式微，只有不斷的演進。還記得遠古時代的海上保險嗎？海上保險，又稱「水險」，是最早發展的保險項目。水險在今天依然重要，發展更為專業，在香港，航運保險專家更是非常「渴市」。航運保險牽涉的範圍非常廣泛，從船舶、貨物運輸、途中遇上的自然災害、物流，以至運送藝術品和貴重物品等。從交通運輸到今天的商業活動，不同的行業、不同的工作地點，無論是仕辦公室，或是在商舖，從電腦電器故障損壞、僱主僱員財物損失，到因意外導致營業中斷等，當中涉及的保險種類廣泛，一般包括火險、僱員保險、第三者責任保險等等。

在這個年代，日常生活和工作不能避免使用網絡，隨著科技發展，網絡安全是我們每天面對的問題，網絡風險越來越大。資料外泄、病毒入侵、程式被破壞、黑客入侵，除了能令企業招致財務損失，更隨時面臨法律訴訟問題，網絡保險是新時代商業保險的重要一環，可見保險業與時並進，一直緊貼社會的發展步伐。

保險與社會的關係──文化娛樂

如果世界盃突然取消，會有甚麼後果？

球迷徹底失望，涉及的商業合作、媒體直播、廣告贊助等金額之損失等等，後果難以估計。舉辦大型文化和娛樂活動涉及很多風險，像是天氣因素、人為事件等，均是主辦方無法控制的情況。我們在參與這些活動時大概沒有想到這些問題。

相信大家還記得 2016 年，歌手黎明在中環海濱舉行演唱會，因採用的帳篷物料未符合消防要求，負責審批臨時公眾娛樂場所牌照的食物環境衛生署未能發出臨時牌，首晚演出前兩小時宣布當晚演唱會取消。沒有牌照當然不能如期舉辦活動，除了可能面臨罰款及監禁，萬一發生意外，也可能因保單隨時失效而得不到保障。因為保單的條款之一，是活動必須符合各政府部門提出的所有條件。假若當日黎明堅持繼續舉行演唱會，一旦發生任何意外，賠償將由主辦單位全數承擔，數額可以是天文數字。

保險與社會的關係──天災

風暴襲港，豪雨降臨、學校停課、公共交通停駛⋯⋯多一天假期，卻換來很多的破壞。

大家還記不記得 2017 年夏天，多個颱風輪流襲港，天文台連續發出 5 個 8 號烈風或暴風信號，是自 1964 年和 1999 年

後，最多 8 號或以上風球的一年。從 6 月的苗柏、7 月的洛克、8 月的天鴿、帕卡，到 10 月的卡努，當中相信以颱風天鴿的破壞最大。天鴿是香港自 2012 年來首個 10 號風球，帶來塌樹、山泥傾瀉、水浸。從新聞片段中，我們看到杏花邨停車場出現嚴重水浸，多輛汽車被淹沒；紅磡昇御門大廈外牆和窗戶被洗窗用吊船撞毀，畫面歷歷在目。不難想像造成了多少破壞和損毀。根據香港保險業聯會公布的資料，在 2017 年 6 至10 月共有 5 個颱風吹襲香港，保險公司合共賠償 9 億 3,500萬港幣，當中天鴿的賠償就接近 8 億 5,800 萬港幣。2018 年9 月，超強颱風山竹襲港，天文台發出 10 號颱風信號達 10小時，是自 1946 年以來天文台發出第二最長的 10 號颱風信號。山竹襲港期間，帶來狂風大雨及風暴潮，造成多處塌樹，部分地區食水及電力供應中斷，交通運輸服務嚴重受阻，影響日常社會及經濟運作，各類保險賠償金額更超過 28 億港元，超越天鴿。一場風暴對社會帶來不少破壞，如果沒有保險這個保障，商業及公共服務機構的損失將難以預計。

保險的增值服務

今天的保險業發展成熟，除了提供實際的賠償外，還有其他功能被忽略了。在商業保險的範疇中，很多的保障包括解決方案。例如公司的電腦被黑客入侵，客戶資料被盜取，保險公司既賠償涉及的財務損失，更能提供法律、公關，以至科技專才幫助解決問題。無論是中小企或大企業，平日也沒法聘用各式各樣的專才，透過保險卻可以得到相關的專業服務。保險一方面令商業機構在遇到困難時得到專業協助，亦節省了相

關的開支。

另外，保險公司提供的風險管理措施，其實有助企業提升服務
質素。風險管理其實就是防患於未然，也是保險常被忽略的重
要角色。在購買保險時，核保師會根據不同因素決定是否接受
該保單，很多時候便會跟風險管理師合作，識別有哪些潛在的
風險，再作出分析評估，提出建議及預防方法。從這個角度出
發，保險在提供保障以外，亦間接地改善營商環境。保險公司
與風險管理師合作，以減低發生意外的機會，並會協助制訂各
項應急措施，例如餐廳必須要安裝閉路電視、設置走火通道、

在廚房工作的人須遵守安全操作措施等。

走在最前線

由此可見，保險與社會的關係確是密不可分，只是在無風無浪的日子，一般市民未必察覺到其作用。其實保險公司必須掌握當前的社會、政治、經濟狀況，也是世界大事的探熱針，在事件尚未發生時已經要作好準備。好像近日鬧得熱烘烘的中美貿易戰，一旦中興通訊這家龐大的企業突然停止運作，牽涉的中小企業不計其數，無法估計當中的損失，沒有購買信用保險的

公司或將面臨倒閉，保險公司也可能要負擔巨額賠償。

另外，不知大家有沒有收到來自歐洲很多企業及機構有關個
人資料的電郵。2017 年 5 月，歐洲聯盟（歐盟）實施《一般
資料保護規則》（GDPR），新規例適用於所有與歐盟公民或機
構有往來的機構，嚴格規管個人資料的蒐集、處理、儲存及傳
輸，以及數據洩露的通報。所有企業必須重新詢問所有客戶，
是否容許公司收集和保留他們的個人資料。活在全球化的年
代，歐盟的新規例對我們也有很大影響。特別是歐盟為香港第
二大貿易夥伴，新例將令本地企業增添網絡保安的壓力。根據

GDPR 規定，所有在歐洲有業務營運的企業，若不當處理用戶個人資料最高罰款將高達 2 千萬歐元，或相當企業全球營業額 4%，數字相當驚人。難怪不少保險公司已著手研究這項影響全球的新法案，以應付因相關條例而產生的額外風險。

與社會相關的保險介紹

第三者責任保險（又名「公眾責任保險」）

適用範圍非常廣泛，主要保障因個人行為、公司業務或舉辦活

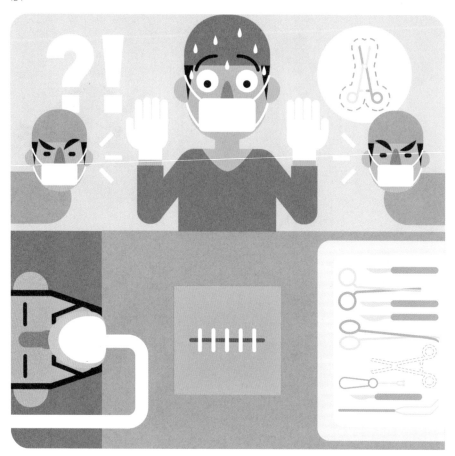

動，因疏忽或意外而對社會公眾造成損害所構成的法律賠償責任。例如你不小心把家中的花盆推出窗外，誤傷剛巧路過的途人；又或者客人在餐廳的洗手間不慎摔倒而受傷。現時香港法例還規定汽車車主及業主立案法團必須購買第三者責任保險。

專業責任保險

針對不同的企業及專業人士，包括公司董事和高級人員、會計師、律師、醫護人員、教師、建築師等等，提供法律責任、索償要求及賠償的保障。如受保障的專業人員因為失誤、疏忽、

遺漏、誹謗或侵犯知識產權等事宜，例如律師遺失重要文件、醫生進行手術時失誤等等，而招致法律責任或索償，便可獲得保障。

環境保險

針對不同環保法例，為企業提供因環境及生態受損而造成的責任保險，包括政府機構提出的索償、第三者保障，如人身受損、財物損毀，以及法律訴訟等費用及支援。

勞工保險

前面提到,根據《僱員補償條例》,不論僱員合約期或工作時數長短、全職或兼職,僱主也必須為他們向認可的保險公司購買僱員補償保險(即「勞工保險」)。假如僱員在受僱期間因工受傷,不論是否因僱員疏忽造成,僱主都必須作出賠償。

僱員補償保險的保障範圍包括《僱員補償條例》列明的醫療費用、工資補償、永久傷殘及死亡賠償,更包括普通法法律責任保障。

僱主也可為海外僱員購買額外的保障,包括因傷亡或患病而需將僱員遣返原居地的費用。

網絡保險

今天的商業社會運作不離網絡,除了一般電腦病毒問題外,黑客入侵、資料盜竊等保安問題也藏著巨大風險。企業每天處理大量的個人或企業資料,從客戶的證件號碼到顧客的信用卡號碼等。若因處理不當而令資料落入不法之徒手中或被非法公開,企業將面對龐大的責任甚至賠償。一般網絡保險包括受保企業因失誤、疏忽、遺漏等原因而導致客戶資料被洩漏的法律責任保障,以應付有關索償及法律訴訟費用等。

活動取消保險

這類保險是為了減輕活動舉辦方在無法控制的情況下，需取消、放棄、中斷或延期受保活動，而導致的損失。某些保障甚至擴大至天氣惡劣、恐怖襲擊、失場或其他對活動構成危險的特別影響。

8 號風球保險

2017 年 7 月 11 日，有保險公司推出全港首個 8 號風球保險，目標為本地中小企以至大型企業。每當懸掛 8 號或以上風球時，很多活動必須停止，企業遭受即時損失，如零售生意中斷、建築工程停頓、員工傷亡等。而投保了 8 號風球保險的企業，只要當天文台懸掛 8 號風球時，便可獲得賠償。

信用保險

幫助企業發展免受商業夥伴欠款影響，適用於中小企業、跨國公司。信用保險有助企業業務發展、加強現金流，及不會因客戶拖欠貨款而影響運作；同時幫助發展新買家，開拓高風險及新興市場。

CHAPTER

7

未來的
保險

航班延誤，一下飛機，開啟智能電話，立即收到短訊，你所購買的旅遊保險已經把賠償金額直接匯進銀行戶口。

保險隨著經濟發展不斷作出轉變，從昔日的海上航運到人生保障，從日常生活到社會建設。當我們不用再問保險是甚麼，而是關注所需的保障是否足夠，對可獲得的保險服務也會有更多要求。正如三餐溫飽以後，自然會追求優質的生活。未來的保險，將會走向多元化、優質生活與科技革新下的新局面。

今天香港的保險市場已經相當成熟，市面上的產品五花八門，保障範圍也越來越廣。例如醫療保險方面，從前很多「不受保」的項目，例如心臟病、情緒病等，今天都可以受保，在香港很容易找到全面的醫療保障。最初期的旅遊保險只包括意外、醫療或財物損失等項目，今天普遍已包括高危活動、恐怖襲擊等。其實今天的保險產品已越來越多元化，市場上更出現了很多意想不到的產品，有替你慶祝「一棒入洞」，讓你在球會酒吧內所有消費得到補助；也有家居保險贈你風水顧問費；還有你的珍藏紅酒也有保障，幾乎是你想得出也會找到，只在於你是否有需要及能力去選購這些特色保險產品。

未來的趨勢就是要找新亮點。

賠償以外，改善生活質素

產品多元化，保障也以新方向發展。其實保險不只提供賠償，還有其他保障功能。以旅遊保險為例，當中的 24 小時緊急支

援熱線便是最佳例子。我們在外地遇上意外，當務之急不一定
是財政上的援助，而是應如何處理。在商業保險的範疇中，很
多保障包括解決方案。例如前文提及，公司的電腦被黑客入
侵，客戶資料被盜取，保險公司除了賠償涉及的財務損失外，
更能提供法律、公關，以至科技專才幫助解決問題。平日沒多
少人留意到保險在這方面的配套，但這正是保險在賠償以外的
附加價值，直接減少企業的營運負擔，從而提升效率。現代人
著重健康生活，於是今天越來越多保險產品推出無償獎賞計
劃，意思就是投保人在指定時間沒有提出索償便得到獎賞。這
一般應用在醫療和汽車保險上，一方面減低索償的機會，同時

鼓勵投保人注重健康，安全駕駛。未來保險業的發展方向將會在賠償外增加更多的價值。

保險科技

多元化、貼身產品的出現，也是科技帶動下的成果。

「隨著保險科技的發展以及主流大眾對新科技的接納，CIO（首席資訊長）預估亞洲保險業在 2025 年前節省的成本將達每年 3 千億美元。」[22]

「保險科技」（InsurTech），就是科技與保險的結合，運用創新科技幫助保險公司設計產品、改善流程，增強效率。現時我們隨時隨地可以在互聯網上購買保險，不久的將來也可以在智能電話的應用程式上投保和索償。

此外，利用人工智能與大數據分析，更能為客戶設計個性化的產品，例如購買旅遊保險不再只是根據地點日期提供單一的保障，保險公司會按照你的個人旅遊經驗，好像過往選擇的旅遊地點、參與的活動、有沒有發生過意外等因素，去計算你的個人旅遊風險，然後提供獨一無二的保障。又例如汽車保險是根據行駛里程、駕駛時段及駕駛行為等因素來決定保單價錢及保障範圍。簡單來說，就是以實際的使用狀況及行為設計個人化的保單。再伸延下去，就是保單將由產品導向轉為客戶導向，即是每個客戶的保單，將按照個人健康、生活習慣而設計，一張保單已包括所需的健康、意外、家居、汽車等保障。

對於保險公司來說，科技能使處理保單的背後流程，像是核保、風險評估及定價更為準確及更具效率。又如港珠澳大橋通車後，引發三地不同汽車保單的理賠問題，現在或需三地政府部門協商處理，未來或可利用人工智能、區塊鏈和全球定位系統等技術，解決這些牽涉不同地域、法律及貨幣等的問題。

保險科技帶來革新，我們的世界是否像那些未來電影的場景，街上沒有人，所有工作將由機器取代？保險業還是講求人與人之間的接觸，透過網上平台或手機應用程式投保自然是方便快

捷之選，但審慎的保險公司也會考慮，假若沒有了中間人解釋條款，恐怕保險公司與客戶之間對保單的理解會有落差。所以除了網上渠道的條文要有更清晰的解說外，還要提供即時的客戶查詢，而一些較複雜的保單也未必適宜作網上銷售。另外，企業客戶也相對更需要中介人去解釋，因為投保的產品比個人更為複雜。如何利用科技與保持服務質素將是保險界面對的新挑戰。

香港作為保險中心

雖然在香港購買保險的數字不斷提升，但滲透率還不算很高，研究顯示，假若保險的滲透率上升 1%，帶動整體經濟增長卻高於 1%，因此保險業的發展直接影響整體的經濟表現。未來香港的保險業界除了繼續拓展本地市場外，更將積極走向世界。首先是配合大灣區發展計劃。整個大灣區有約 6、7 千萬人口，面對這個龐大的經濟體系和融合平台，保險是重要工具；而保險亦將帶動很多配套設施，例如醫療平台，透過保險，將會提升此區醫療質素。香港是國際化城市，全球最大的保險公司也在這裡，會計、稅務等人才匯聚，提供很多專屬保險項目，可輔助國企向外發展。未來的日子，國與國之間的關口不再是界限，香港可發展成一個中心點，保險公司既可全世界承保，四方八面的人也可在香港購買保險。

通往未來的康莊大道

如果你還記得，保險乃眾人之事。保險業在未來的日子將加強

宣傳和教育的角色，增加大眾對保險的認識，明白到社會和經濟運行一定牽涉不同風險，而保險則是最佳的預防方法。當公眾肯定保險對個人和社會的意義，看到其重要價值，便能吸引各方面的人才加入行業，從而提升水準，推出更優質的服務。

保險是無形的社會基建，沒有路我們便不能前進。前人種樹，後人乘涼，繼承著古人的智慧，保險就是那道通往未來的康莊大道，那怕是荊棘滿途，唯有集眾人之力，才能跨過險峰。

註

1　馮邦彥、饒美蛟:《厚生利群》,三聯書店(香港)有限公司,2009,頁 22。

2　嚴慶澤、梁鴻、王立安著:《世界保險史話》,經濟管理出版社,1993,頁 1-3。

3　嚴慶澤、梁鴻、王立安著:《世界保險史話》,經濟管理出版社,1993,頁 4-5。

4　嚴慶澤、梁鴻、王立安著:《世界保險史話》,經濟管理出版社,1993,頁 9。

5　C.G. Lewin, *Pensions and Insurance Before 1800, A Social History*, Tuckwell Press, 2003, P.85.

6　嚴慶澤、梁鴻、王立安著:《世界保險史話》,經濟管理出版社,1993,頁 11。

7　C.G. Lewin, *Pensions and Insurance Before 1800, A Social History*, Tuckwell Press, 2003, P.91.

8　同註 7

9　馮邦彥、饒美蛟:《厚生利群》,三聯書店(香港)有限公司,2009,頁 22。

10　嚴慶澤、梁鴻、王立安著:《世界保險史話》,經濟管理出版社,1993,頁 13-15。

11　H.A.L. 科克雷爾、埃德溫‧格林著,邵秋芬、顏鵬飛譯,《英國保險史》(1547-1970),武漢大學出版社,1988,頁 5-6。

12　C.G. Lewin, *Pensions and Insurance Before 1800, A Social History*, Tuckwell Press, 2003, P.335.

13　C. G. Lewin, *Pensions and Insurance Before 1800, A Social History*, Tuckwell Press, 2003, P.315.

14　嚴慶澤、梁鴻、王立安著:《世界保險史話》,經濟管理出版社,1993,頁 33。

15　同註 14

16　C. G. Lewin, *Pensions and Insurance Before 1800, A Social History*, Tuckwell Press, 2003, P.112.

17　C. G. Lewin, *Pensions and Insurance Before 1800, A Social History*, Tuckwell Press, 2003, P.113.

18　嚴慶澤、梁鴻、王立安著:《世界保險史話》,經濟管理出版社,1993,頁 70。

19　高爾著:《不願面對的真相》,商周出版,2007。

20　嚴慶澤、梁鴻、王立安著:《世界保險史話》,經濟管理出版社,1993。

21　自願醫保計劃:〈關於自願醫保計劃〉,來自 www.vhis.gov.hk/tc/about_us/scheme.html。

22　瑞銀財富管理:〈保險科技〉,來自 www.ubs.com/hk/tc/wealth-management/thinking-ahead-in-asia/2017/insurtech.html。

責任編輯　　趙寅
書籍設計　　姚國豪

書　　名　　保險叢書1 —— 保險概論
策　　劃　　香港保險業聯會
籌 委 會　　馮詠敏、莊欣達、李俊明、陳智高、梁米棋
作　　者　　林喜兒
插　　畫　　高聲

出　　版　　三聯書店（香港）有限公司
　　　　　　香港北角英皇道四九九號北角工業大廈二十樓
　　　　　　Joint Publishing (H.K.) Co., Ltd.
　　　　　　20/F., North Point Industrial Building,
　　　　　　499 King's Road, North Point, Hong Kong
香港發行　　香港聯合書刊物流有限公司
　　　　　　香港新界大埔汀麗路三十六號三字樓
印　　刷　　美雅印刷製本有限公司
　　　　　　香港九龍觀塘榮業街六號四樓A室
版　　次　　二〇一九年四月香港第一版第一次印刷
　　　　　　二〇一九年九月香港第一版第二次印刷
規　　格　　特十六開（150mm × 210mm）一三六面
國際書號　　ISBN 978-962-04-4456-2

三聯書店
http://jointpublishing.com

JPBooks.Plus
http://jpbooks.plus